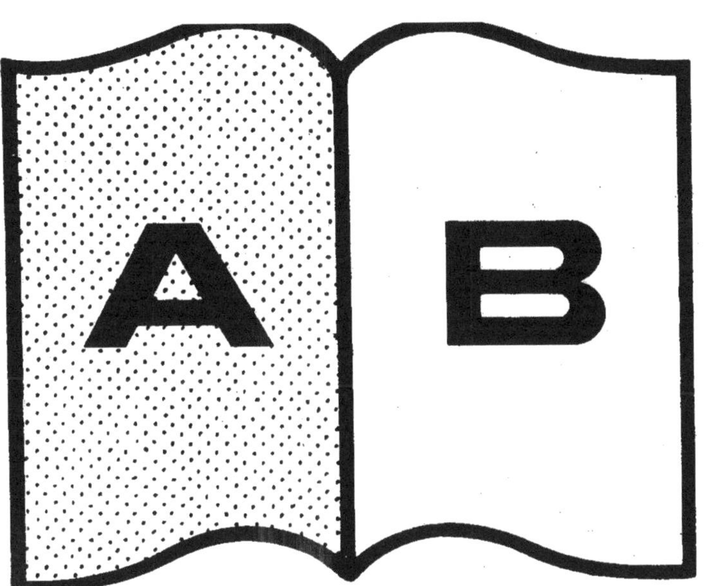

Contraste insuffisant

NF Z 43-120-14

GOUVERNEMENT GÉNÉRAL DE L'ALGÉRIE

Territoires du Sud

PROGRAMME des CHEMINS de FER

dans les Territoires du Sud

Situation, Avenir et Perspectives Économiques de ces Territoires

Par le Lieutenant-Colonel du Génie

P. GODEFROY

CHEF DU SERVICE TECHNIQUE DES T[illegible] DES TERRITOIRES DU SUD

ALGER

TYPOGRAPHIE ADOLPHE JOUR

IMPRIMEUR-LIBRAIRE-ÉDITEUR

PLACE DU GOUVERNEMENT

1916

GOUVERNEMENT GÉNÉRAL DE L'ALGÉRIE

Territoires du Sud

PROGRAMME des CHEMINS de FER

dans les Territoires du Sud

Situation, Avenir et Perspectives Économiques de ces Territoires

Par le Lieutenant-Colonel du Génie

P. GODEFROY

CHEF DU SERVICE TECHNIQUE DES TRAVAUX DES TERRITOIRES DU SUD

ALGER

TYPOGRAPHIE ADOLPHE JOURDAN

IMPRIMEUR-LIBRAIRE-ÉDITEUR

PLACE DU GOUVERNEMENT

1916

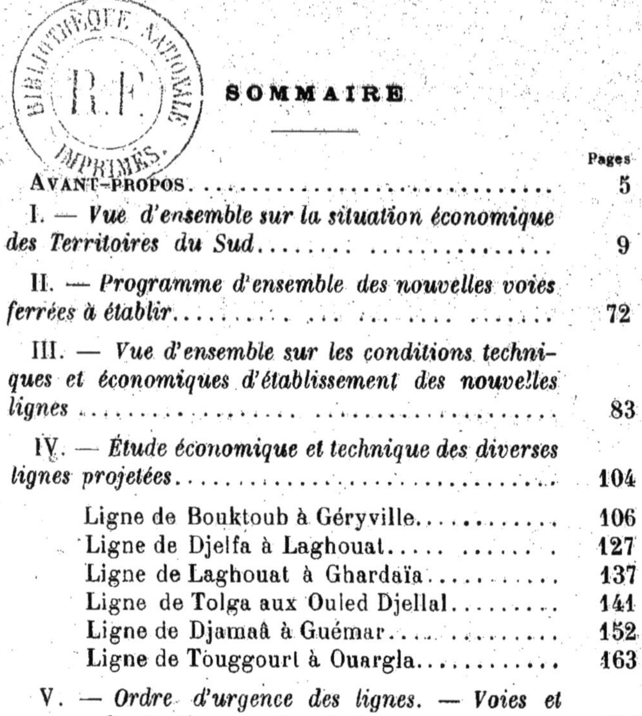

SOMMAIRE

Pages

Ouvrages consultés

Exposés annuels de la situation des Territoires du Sud.
Rapports annuels des territoires.
Statistique de l'Algérie.
Statistique des Douanes.
Statistique de géographie comparée, de BIROT.
Traité de géographie humaine, de BRUNHES.
Monographie du territoire d'Aïn-Sefra, par le capitaine MESNIER
L'orée du Tafilalet, par DU SERRE TELMON.
Journal des transports.
The statesman's Yearbook.

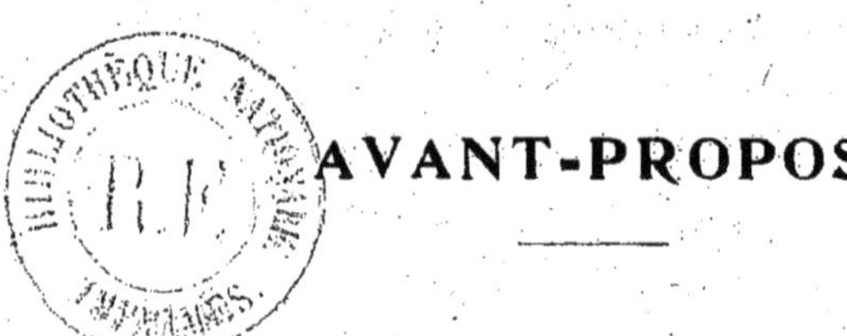

AVANT-PROPOS

L'*Algérie* peut être divisée en trois zones à peu près parallèles à la mer, d'inégale étendue et de productions différentes, savoir du Nord au Sud :

Le *Tell*, région côtière, propre aux cultures européennes et en particulier à celle de la vigne et des céréales ;

Les *Hauts-Plateaux*, région de l'alfa, des pâturages et des troupeaux, où les céréales conservent pourtant encore quelques enclaves ;

Le *Sahara* enfin, aux étés brûlants, pays des oasis, des palmiers et des dattes, dont les immenses steppes ne sont plus fréquentées par les troupeaux que pendant les mois d'hiver.

Cette diversité des climats et des productions que l'on rencontre quand on s'avance dans l'intérieur, du Nord au Sud, a nécessairement pour effet de déterminer dans le sens des méridiens la direction principale des échanges et des migrations.

Pendant longtemps, les relations entre les trois zones n'ont été assurées que par le moyen des caravanes ; elles le sont encore dans une grande partie de leur étendue ; toutefois, de bonne heure, les besoins de la colonisation ont imposé la construction de voies de pénétration vers l'intérieur, dont la portée économique n'a cessé de croître avec la mise en valeur des nouvelles contrées soumises à l'influence européenne.

Limitées d'abord aux deux premières zones, Tell et Hauts-Plateaux, elles ont abordé depuis plusieurs années, pour des raisons stratégiques d'abord, économiques ensuite, les régions sahariennes dont l'ensemble constitue, sous le nom de Territoires du Sud, une unité administrative, distincte de l'Algérie du Nord. A la vérité, la limite des deux colonies n'a pas été placée à la séparation approximative des Hauts-Plateaux et du Sahara. A l'Ouest, au Sud d'Oran et d'Alger, les Territoires du Sud s'étendent sur une partie des Hauts-Plateaux, tandis qu'à l'Est, au Sud de Constantine, l'Algérie du Nord arrondit son domaine d'un morceau du Sahara.

Quoi qu'il en soit, le chemin de fer pénètre aujourd'hui dans ces territoires en deux points :

Dans le Sud Oranais, la région la plus anciennement desservie pour des considérations militaires, la voie ferrée s'enfonce sur 440 kilomètres du Kreider à Colomb-Béchar ;

A Biskra, dans le Sud Constantinois, la ligne de Touggourt, terminée en 1914, vient d'ouvrir à la colonisation sur 217 kilomètres tout le groupe des oasis de l'Oued Rhir. Le Sud Algérois, plus en retard, ne possède encore aucun chemin de pénétration, mais une ligne en cours de construction va atteindre Djelfa très prochainement. Dans le Territoire de Touggourt enfin, une ligne également en voie d'exécution permettra bientôt de desservir tout le chapelet des oasis des Ziban.

Il n'est pas douteux que ces nouvelles voies n'amènent promptement de grands progrès dans le développement des régions qu'elles desservent. Seront-elles suffisantes ? Dans ce bloc massif des Territoires du Sud, isolé, éloigné, sans routes, sans gîtes d'étapes, que tant de barrières séparent des régions colonisées du Nord, d'autres lignes ne seraient-elles pas encore indispensables pour assurer l'écoulement d'une population ignorée, faire fructifier des ressources latentes en partie insoupçonnées, vivifier en un mot ces immenses étendues qui végètent dans leur solitude. C'est ce que nous nous proposons de rechercher dans la présente étude.

A cet effet, nous essaierons de nous rendre compte de la valeur économique actuelle des Territoires du Sud; nous verrons succintement quel en est le sol et quel en est la population, ce qu'elle produit, ce qu'elle consomme; nous déterminerons l'excédent non consommé de la production représentant le pouvoir d'achat, à l'extérieur, de la collectivité. Ces évaluations nous permettront de fixer l'importance et le sens des principaux courants d'échanges et d'asseoir ainsi sur des bases certaines le programme d'ensemble des chemins de fer à prévoir pour assurer la mise en valeur rationnelle et progressive de nos possessions sahariennes.

L'examen séparé de chacune des lignes envisagées permettra ensuite de se rendre compte de leur utilité spéciale et de leur degré d'urgence.

La présente étude comprendra en conséquence les chapitres suivants :

I. — *Vue d'ensemble sur la situation économique des Territoires du Sud ;*

II. — *Programme d'ensemble des nouvelles voies ferrées à établir ;*

III. — *Vue d'ensemble sur les conditions techniques et économiques d'établissement des nouvelles lignes ;*

IV. — *Étude économique et technique des diverses lignes projetées ;*

V. — *Ordre d'urgence des lignes. — Voies et moyens d'exécution. — Conclusions.*

CHAPITRE I

VUE D'ENSEMBLE SUR LA SITUATION ÉCONOMIQUE DES TERRITOIRES DU SUD

Description d'ensemble

Les Territoires du Sud, organisés en colonie autonome par la loi du 24 décembre 1902 pour des raisons d'ordre politique et militaire, embrassent une immense étendue de terrain, d'une superficie approximative de 2.200.000 kilomètres carrés comprise, à quelques enclaves près, entre la chaîne de l'Atlas au Nord, les frontières tunisienne et tripolitaine à l'Est et une limite conventionnelle au Sud et à l'Ouest, qui les sépare du domaine saharien de l'Afrique occidentale française. Dans sa plus grande dimension, de l'Ouest à l'Est, de l'oued Draa au poste tripolitain de Rhât, ce bloc massif a une longueur d'environ .... 2.200 km.
Du Nord au Sud, son épaisseur atteint.. ... 1.600 km.

Les Territoires du Sud sont divisés en quatre commandements militaires :

Le Territoire d'Aïn-Sefra, au Sud du département d'Oran, comprenant les trois cercles de Géryville, Méchéria et Colomb-Béchar et les annexes d'Aïn-Sefra et de Beni-Ounif. Ce territoire est à cheval sur les Hauts-Plateaux et le Sahara.

Le Territoire de Ghardaïa, au Sud du département d'Alger, avec les deux cercles de Djelfa et de Ghardaïa et l'annexe de Laghouat, s'étendant comme le précédent sur les Hauts-Plateaux et en partie vers le Sahara.

Le Territoire de Touggourt, au Sud du département de Constantine, avec le cercle de Touggourt et l'annexe de Biskra, situé presque entièrement dans la zone saharienne.

Enfin, au Sud des précédents, *le Territoire des Oasis*, avec les deux annexes d'Ouargla et du Tidikelt, en totalité, en région saharienne.

Quand on avance du Nord au Sud et qu'on a dépassé les steppes des Hauts-Plateaux, on rencontre d'abord la zone montagneuse de l'Atlas avec des altitudes qui dépassent parfois 2.000 mètres, puis le versant saharien, au pied duquel s'étend l'immensité du désert, non point uniforme comme on a tendance à se le figurer, mais accidenté, avec ses énormes amas de dunes, ses chotts et ses plateaux rocailleux, le Tademaït, le Mouydir, le Tassili des Ajjers et plus au sud le massif du Hoggar où l'on retrouve des sommets de plus de 2.000 mètres.

Les Territoires d'Aïn-Sefra, de Ghardaïa et de Touggourt comprennent de vastes terrains de parcours favorables à la vie pastorale ; ils donnent également naissance à des productions, l'alfa et la datte, que l'on ne rencontre que dans un nombre restreint de régions analogues, et qui par leurs qualités spéciales constituent une sorte de monopole dont bénéficie le Sud Algérien.

Dans le Territoire des Oasis, la vie, fonction de l'eau, est localisée autour des palmeraies, et sa densité va en s'affaiblissant au fur et à mesure qu'on s'avance vers le Sud, jusqu'au moment où elle reprend à l'entrée de la région des pluies, aux abords de la vallée du Niger, dans le domaine de l'Afrique Occidentale française.

On a prétendu que le Sahara central renfermait en plusieurs points des richesses minérales d'une certaine importance et en particulier des nitrates. C'est possible, mais en attendant que ces découvertes aient été précisées, il ne convient pas d'attacher à ces régions, sans eau et sans végétation, une sensible valeur économique.

Pour le moment, nous considèrerons toute cette immense bande de terrain désertique d'une épaisseur de 15 à 1.600 kilomètres qui sépare de la vallée du Niger nos postes de Colomb-Béchar et d'Ouargla, comme une sorte de Méditerranée saharienne, formant entre nos possessions du Nord et de l'Ouest de l'Afrique un obstacle solide environ deux fois plus large que la nappe liquide qui sépare Alger de Marseille.

Cet obstacle n'est pas infranchissable, mais les voies ferrées qui un jour ou l'autre en rapprocheront les rives, auront sans doute moins en vue la mise en valeur des régions traversées qui resteront encore longtemps incultes et improductives que la liaison réciproque de nos colonies africaines, l'établissement d'une route rapide et facile pour l'évacuation des produits de nos possessions du Tchad et du Niger, et enfin la création d'une grande voie de transit international mettant Dakar ou Konakry à cinq jours, et Pernambuco à huit jours de Marseille.

La construction d'un ou de plusieurs chemins de fer transsahariens est une œuvre de caractère impérial, sinon mondial, qui intéresse assurément l'Algérie, mais plus encore la Métropole ; nous n'avons pas à l'examiner en détail dans la présente étude.

Au contraire, l'établissement de voies ferrées économiques susceptibles de faciliter la mise en valeur des ressources des Territoires du Sud est un problème exclusivement algérien ; c'est uniquement celui-là que nous essaierons de résoudre ici.

Population

Un tableau annexé à la présente étude indique, d'après le recensement de l'année 1911, l'effectif et la répartition de la population des Territoires du Sud ainsi que l'évaluation actuelle.

Nous donnerons ici les chiffres de cette dernière, ainsi que la répartition de la population indigène en sédentaires et nomades, en considérant comme sédentaires, d'après la statistique de l'Algérie, tous ceux qui peuvent être comptés comme propriétaires, khammès ou ouvriers agricoles.

Territoire d'Aïn-Sefra. — La population de ce territoire peut être évaluée à environ............... 148.000 h.
occupant une superficie de................ 400.000 kmq.
et comprenant en chiffres arrondis :

Européens..............................	3.600
Sédentaires............................	45.000
Nomades...............................	94.400
Hommes de troupe....................	5.000
Total égal..............	148.000

Cette population qui se compose en grande partie de nomades est donc très disséminée ; il convient toutefois de remarquer que les trois quarts environ de la superficie du territoire consistent en terrains d'erg, absolument inhabitables.

Territoire de Ghardaïa. — La population est d'environ.................................... 142.000 h.
répartis sur une surface de............... 84.000 kmq.
et comprenant :

Européens	1.400
Sédentaires	95.000
Nomades	44 600
Hommes de troupe	1.000
Total	142.000

Territoire de Touggourt. — La population est de 168.000 h. sur une superficie de 116.000 kmq

On compte :

Européens	940
Sédentaires	115 000
Nomades	51.860
Hommes de troupe	200
Total égal	168.000

Les sédentaires habitent les oasis ; les nomades s'adonnent à l'élevage.

Territoire des Oasis. — Le territoire comprend :

Européens	60
Sédentaires	15.000
Nomades	26.140
Troupes	800
Soit au total	42 000

rayonnant autour des oasis d'Ouargla, d'El-Goléa, d'In-Salah et de Djanet.

La superficie du territoire peut être évaluée approximativement à 1.600.000 kmq comprenant les vastes régions duneuses de l'Erg, impropres à la vie.

En définitive, pour l'ensemble des Territoires du Sud, la population s'élève à environ......... 500.000 h. disséminés sur une superficie de........ 2.200.000 kmq.

Le nombre des européens ne dépasse guère............................ 6.000
l'effectif des troupes est de............ 7.000
les sédentaires sont au nombre de....... 270.000
contre, nomades......................... 217.000
mais cette distinction ne saurait être considérée comme très rigoureuse, car beaucoup d'indigènes menant l'existence de nomades, mais propriétaires de cultures ou de palmiers entretenus par des khammès, sont comptés dans les statistiques comme s'adonnant à l'agriculture.

Les sédentaires dominent dans le Territoire de Touggourt, où ils sont deux fois plus nombreux que les nomades. A Ghardaïa, ils l'emportent encore sensiblement sur les nomades. Au contraire dans le Territoire d'Aïn-Sefra où la vie pastorale est en honneur, ces derniers sont beaucoup plus nombreux que les sédentaires. Il en est de même dans les Oasis. Le nomadisme ne fait plus de progrès dans le Sud, mais il n'est pas en régression. Toutefois, avec le développement des voies ferrées, on peut s'attendre à une modification notable de l'existence d'un certain nombre de tribus vouées à l'élevage vagabond.

Impôts

Il est intéressant de comparer au chiffre de la population le montant des impôts que celle-ci supporte.

Les européens sont soumis à peu de choses près aux taxes et droits dus par les habitants de l'Algérie du Nord.

Les impôts qui frappent les indigènes sont : l'Achour, prélevé sur le produit des céréales ; le Zekkat, perçu sur les animaux, le Hockor, sur les charrues et la Lezma sur les palmiers.

A ces impositions qui constituent la principale ressource du budget central et des budgets communaux, viennent s'ajouter diverses sortes de contributions dont les plus importantes proviennent des Douanes et des Postes et des Télégraphes.

En 1914, les recettes de toute nature, applicables au budget des Territoires du Sud, se sont élevés à 3.857.472 12

La part de ces recettes qui peut être considérée comme prélevée sur les ressources des habitants est de 3.360.717 64

Quant aux recettes afférentes aux budgets communaux, elles ont atteint .... 1.835.141 24 y compris la valeur des prestations.

Le total des contributions de toute nature frappant les individus s'est donc élevé à .... 5.195.858 88 faisant ressortir la charge par habitant au taux de 10 fr. 40.

On retrouvera en annexe le tableau des recettes budgétaires des Territoires du Sud depuis 1904, date de la création de la nouvelle unité administrative. Les recettes qui n'atteignaient au début que .... 2.726.706 64 se sont accrues en dix ans de 30 % soit .. 1.130.765 48 ou en moyenne par an .... 113.076 54.

Cette progression est appelée à s'accroître avec le développement de la mise en valeur du pays par les chemins de fer et l'hydraulique agricole.

Le budget des Territoires du Sud ne bénéficie pas seulement des impôts levés sur les habitants et du produit du domaine et des exploitations de la Colonie ; il reçoit

pour les dépenses militaires une subvention de la Métropole dont le montant a varié de, en 1906.. . 5 729 999
à, en 1913........................ 4.648.744

Cette subvention a donc tendance à décroître; on peut s'attendre à ce qu'elle soit réduite encore sensiblement au fur et à mesure du progrès de la pacification.

Enfin, la Métropole a pris également à sa charge l'annuité afférente au rachat, par la Colonie, de la partie de la ligne Sud-Oranaise provenant de l'ancienne concession de la Compagnie Franco-Algérienne, et l'Algérie du Nord supporte de son côté le service des fonds d'emprunt consacrés à la construction des sections entreprises au compte de la Colonie.

La ligne Sud-Oranaise comprend dans le Territoire d'Aïn-Sefra une longueur de............... 440 km.
dont, provenant de :
la Franco-Algérienne (Kreider à Aïn-Sefra)... 183 km.
et construite par la Colonie (Aïn-Sefra à Colomb) 257 km.

La ligne d'Aïn-Sefra a coûté environ 11.000.000
(y compris 4.000.000 pour la section Kreider-Mecheria, construite par l'État).

Celle de Colomb.. .... 17.000.000

Au total.......... 28.000.000

L'annuité de rachat correspondant à la section du Kreider à Aïn-Sefra est confondue dans l'annuité totale de l'ensemble du réseau. Elle peut être évaluée approximativement à........................ 400.000 fr.

La charge d'emprunt supportée par l'Algérie du Nord est d'autre part d'environ............. 300.000 fr.

Productions et Échanges

Les principales ressources des indigènes sont, pour les nomades, les troupeaux et leurs produits ; pour les sédentaires, les dattes et les céréales ; enfin sur certaines parties des Hauts-Plateaux, l'exploitation de l'alfa fournit leurs moyens d'existence aux tribus pauvres.

La production des grains est trop faible pour subvenir complètement aux besoins des habitants ; elle est tout entière consommée sur place, ou ne donne lieu qu'à des mouvements à l'intérieur des territoires. Au contraire, les moutons et les dattes laissent un fort excédent annuel, lequel est exporté au dehors en même temps que l'alfa qui ne trouve que des emplois très restreints dans le pays.

Il convient de remarquer à ce sujet que les dattes, comme l'alfa, ne se rencontrent que dans un fort petit nombre de régions, et que leur commerce, dès lors, constitue au profit des Territoires du Sud de l'Algérie, sinon un monopole, tout ou moins une spécialité pour laquelle la concurrence est limitée.

En échange de ces produits d'exportation, les Territoires du Sud reçoivent tout d'abord le complément de céréales et de farines indispensables à leur subsistance, ensuite les sucres et cafés, tissus et cotonnades, huiles, bougies, pétroles, tabacs, savons, épicerie et quincaillerie, matériaux de construction et, d'une manière générale, tous les produits nécessaires à l'alimentation et les objets manufacturés d'un usage courant que l'état rudimentaire de l'industrie du Sud ne permet pas de se procurer sur place.

Nous allons passer successivement en revue les différentes branches de la production.

Production végétale

Dans les oasis, on cultive surtout le palmier dont les fruits dans certaines régions, particulièrement dans l'Oued Rhir, les Ziban et le Souf, jouissent d'une réputation universelle et constituent dès lors un article d'exportation d'un écoulement assuré et de grande valeur.

Les indigènes récoltent également des grains, des légumes, du tabac, etc., et sur les Hauts-Plateaux procèdent, en certains points, à la cueillette de l'alfa.

§ 1er. **Palmiers et Dattes.** — Les variétés de dattes sont très nombreuses ; on en distingue trois principales qui font l'objet du trafic d'exportation :

La deglet nour, datte fine dont le prix moyen est de 40 francs les 100 kilogs et dont la production est de 40 kgs environ par arbre en plein rapport ;

La rhars, datte molle qui se vend de 18 à 22 francs les 100 kilogs et dont la production varie de 30 kilogs environ par pied dans les oasis bien arrosées et entretenues de l'Oued Rhir, du Souf et des Ziban, à 10 et 15 kilogs dans les palmeraies moins favorisées des autres régions ;

La déglet beïda, datte sèche valant 15 à 17 fr. et de production analogue à la rhars.

Viennent ensuite de nombreuses variétés de qualité inférieure.

Le prix moyen d'un palmier est très variable, suivant son degré d'irrigation et la qualité de sa production. Pour les deglet nour, il oscille entre 25 et 30 francs et le rapport moyen d'un arbre bien soigné est de 10 à 12 fr.

On cite certains arbres qui ont donné jusqu'à 50 francs de récolte dans une année favorable ; par contre, le produit des espèces communes peut descendre jusqu'à 1 fr. par pied.

D'une manière générale, si on considère l'ensemble des plantations du Sud, on peut admettre, en moyenne, les rendements suivants dans les divers territoires :

Dans le Territoire de Touggourt, qui donne les meilleurs fruits et fournit la presque totalité des dattes pour l'exportation européenne, la valeur de cette production peut être fixée à 5 francs et celle des arbres à 15 francs. Dans les trois autres Territoires qui produisent surtout des dattes communes, ces taux peuvent être ramenés respectivement à 4 et 12 francs dans le Territoire de Ghardaïa, et à 2 fr. et 6 fr. dans les Territoires d'Aïn-Sefra et des Oasis.

En 1913, le nombre de palmiers en rapport existant dans les Territoires du Sud et leur production en dattes peuvent être évalués aux chiffres arrondis ci-après indiqués :

TERRITOIRES	PALMIERS		PRODUCTION EN DATTES	
	NOMBRE	VALEUR	TONNES	VALEUR
Aïn-Sefra........	1.620.000	9 720.000	16.200	3.240.000
Ghardaïa	240.000	2.880 000	4.800	960.000
Touggourt........	2 400.000	36.000.000	48.000	12.000 000
Oasis............	1.240.000	7.440.000	12.400	2.480.000
TOTAUX.....	5.500 000	56 040.000	81.400	18.680.000

Il résulte de ce tableau, que les Territoires du Sud possèdent environ.................... 5.500.000
palmiers d'une valeur approximative de. 56.040.000 fr.
produisant............................ 81.400 t.
de dattes d'une valeur sur les lieux de
production de........................ 18.680.000 fr.

La valeur moyenne du palmier ressort ainsi à 10 francs environ avec un produit brut de 3,40.

Cette richesse, qui est relativement considérable, n'a pas cessé de se développer par bonds continus et rapides, depuis l'occupation française. Ces progrès sont dus surtout à l'extension considérable qui a été donnée aux travaux d'irrigation par les eaux artésiennes dans les deux Territoires de Touggourt et des Oasis.

Deux chiffres permettront de mesurer le chemin parcouru ; en 1856, on ne comptait dans l'Oued Rhir que 399.000 palmiers ; aujourd'hui, le dernier recensement en accuse........................ 1.500.000

Pour l'ensemble des Territoires du Sud, les variations ont été les suivantes au cours des dernières années :

1906.................	4.645.824
1907.................	4.728.512
1908.................	4 866.033
1909.................	5.019.228
1910.................	5.017.385
1911.................	5.538.318
1912.................	5.547.636
1913.................	5.548.002

En huit ans, par conséquent, l'accroissement a été de 902.178 accusant ainsi une progression de 20 %, laquelle provient évidemment pour une certaine part de recensements plus serrés, mais aussi du développement considérable qu'ont reçues les plantations, particulièrement dans l'Oued Rhir et les Ziban.

L'ouverture à l'exploitation, en 1914, du chemin de fer de Touggourt et la mise en construction de la ligne de Tolga ont donné un nouvel essor au mouvement colonisateur dans le Sud Constantinois. De nombreuses concessions de terres ont été accordées et d'importantes plantations de palmiers ont été entreprises en plusieurs points. Il n'est pas douteux que les récoltes de dattes ne continuent à progresser et ne fournissent ainsi un supplément de ressources aux populations indigènes de ces régions.

La datte est le principal élément de nourriture des indigènes du Sud ; la récolte annuelle est cependant loin d'être entièrement consommée sur place ; elle donne lieu à un commerce considérable dont tirent profit non seulement la population des palmeraies, mais encore les nombreux intermédiaires participant aux échanges : nomades des caravanes, chemins de fer et bateaux, entrepositaires et négociants.

On n'exporte guère en France et à l'étranger que la datte fine, la deglet nour, en provenance surtout du Territoire de Touggourt. Son prix au détail est en moyenne de 0 fr. 40 le kilog à Biskra, il atteint 0 fr. 80 dans le Tell, varie de 1 fr. 20 à 2 francs en Europe et s'élève entre 5 et 8 francs à New-York. On voit de quelle marge de plus-value bénéficient les intermédiaires. Les sorties par les ports d'Algérie, colis postaux compris, sont d'environ........................... .... 7.000 t.

Cette exportation est susceptible d'un fort accroissement, au fur et à mesure que les plantations de deglet nour prendront plus de développement.

A l'intérieur de l'Algérie, les dattes communes, rhars et deglet beïda, font l'objet d'un trafic considérable entre les oasis et l'Algérie du Nord où les indigènes les prennent en échange de leurs grains. Ces mouvements se font à la fois par chemin de fer et caravanes. On ne peut guère en évaluer l'importance à moins de... 18.000 t.

Il est d'ailleurs curieux de remarquer à ce sujet que l'Algérie, malgré la quantité et la primauté de ses produits, est encore obligée de recourir à l'étranger pour les besoins de l'alimentation en dattes communes des indigènes du Tell et qu'elle importe à cet effet tous les ans une moyenne de. .... 2 à 5.000 t. de dattes pressées en provenance de Bassorah à l'extrémité du golfe Persique. Il y a là une anomalie regrettable qui doit cesser dès qu'un meilleur régime de transports aura rendu plus faciles les communications du Nord avec les oasis sahariennes.

Quoi qu'il en soit, on peut, d'après ce qui précède, évaluer à.................................. 25.000 t. l'exportation en dattes des Territoires du Sud.

La grande voie d'écoulement des dattes, celle qui en canalise la plus grande partie, est la ligne d'Ouargla-Touggourt-Biskra. A Biskra, le chemin de fer de l'État en a recueilli ces dernières années une moyenne de. 15.000 t.

Les voies de pénétration des départements d'Alger, d'Oran en reçoivent beaucoup moins, approximativement.................................... 1.000 t. le reste, soit................................ 9.000 t. est transporté par caravanes.

L'ensemble de cette exportation représente à la sortie des territoires, y compris par conséquent la plus-value due aux transports, une valeur approximative de.................................. 7.000.000 fr.

La production du Sud, soit.............. 81.400 t. se répartit donc de la manière suivante :

Exportation à destination de la France ou de l'étranger .... 7.000 t.

Exportation sur l'Algérie du Nord........ 18.000 t.

reste pour la consommation locale......... 56.400 t.

Ces chiffres sont caractéristiques. Ils montrent qu'avec leurs 500.000

habitants, les Territoires du Sud absorbent environ trois fois plus de dattes que le Nord dont la population indigène dépasse .... 4.000.000 d'habitants.

Cette dernière, comme nous l'avons fait remarquer plus haut, est d'ailleurs dans la nécessité de faire venir des dattes du golfe Persique. Le Nord manque donc de dattes pendant que le Sud en a beaucoup trop ; ce fait est d'autant plus anormal que la datte est un fruit recherché, d'une sensible valeur, dont la possession par les indigènes du Sud constitue entre leurs mains une monnaie d'échange susceptible de leur procurer en denrées d'alimentation d'autre nature, des quantités bien supérieures en poids. Malheureusement, les moyens de transport ont jusqu'à présent été insuffisants. Ce grand réservoir de dattes, que constitue le groupe des oasis sahariennes, est en partie inexploité comme une mine trop écartée de la voie ferrée qui pourrait seule y apporter le travail et la vie.

Plus le rail avancera vers le Sud, plus la datte verra développer sa valeur latente; et plus les habitants pourront améliorer leur situation matérielle grâce à la hausse immédiate qui se manifestera dans leur pouvoir d'achat.

§ 2. **Céréales.** — La culture des céréales est peu développée dans les Territoires du Sud ; cet état de choses tient à des causes diverses imputables, soit aux habitudes routinières des indigènes, soit au nomadisme et aux conditions économiques dans lesquelles ils vivent; soit enfin à la nature du sol et au climat de ces régions peu favorables à l'agriculture.

Les superficies ensemencées au cours de l'année 1913 et leurs productions, déduction faite des quantités nécessaires à l'ensemencement, sont indiquées dans le tableau ci-après :

TERRITOIRES	SUPERFICIES CULTIVÉES (hectares)			QUANTITÉS RÉCOLTÉES (quintaux)			OBSERVATIONS
	BLÉ	ORGE	DIVERS	BLÉ	ORGE	DIVERS	
Aïn-Sefra...	2.809	4.839	455	13.588	21.534	1.568	En partie seulement irriguées.
Ghardaïa ...	7.372	12.735	30	17.862	51.295	110	id.
Touggourt ..	3.790	6.890	5	11.050	17.200	»	Cultures irriguées.
Oasis.......	1.045	436	1.223	1.815	1.082	517	id.
Totaux...	15 016	24.900	1.713	44.315	91.111	2.195	
	41.629 h.			137.621 q.			

Le rendement ressort ainsi au faible taux de 3 q. 3 à l'hectare. Les récoltes des campagnes agricoles précédentes depuis 1905 sont indiquées dans le tableau suivant :

ANNÉES	SUPERFICIES (hectares)	RÉCOLTES (quintaux)	RENDEMENT
1905	67.506	32.438	0,4
1906	24.250	172.027	7,0
1907	24.435	87.305	3,6
1908	27.454	109.573	3,9
1909	25.208	109.567	4.0
1910	28.905	166.614	5,7
1911	38.695	198.716	5,8
1912	38.317	120.087	3,1
1913	41.629	137 621	3,3

Ces chiffres n'accusent aucune progression notable, pas plus dans les rendements que dans les étendues cultivées.

En valeur, la répartition entre les territoires est la suivante :

TERRITOIRES	VALEUR des terrains cultivés en céréales	VALEUR des produits
Aïn-Sefra....	1.400.000	1.050.000
Ghardaïa	3 000.000	2.225.000
Touggourt.................	1.400 000	1.050.000
Oasis......................	200.000	175.000
TOTAUX.....	6.000.000	4 500 000

Dans l'ensemble, on peut donc admettre que la superficie cultivée des Territoires du Sud est de 40.000 Ha
d'une valeur de .... 6.000.000 fr.
produisant........................... 15.000 T
de grains d'une valeur de............. 4.500.000 fr.

Cette quantité de grains est tout à fait insuffisante pour assurer les besoins des indigènes. Elle ne saurait donc être exportée, et est tout entière consommée dans les territoires, ne donnant lieu qu'à des déplacements intérieurs.

Dans les conditions actuelles du pays, l'alimentation des indigènes exige par an et par tête un minimum
de .. .. 100 K
ce qui correspond par jour à moins de....... 280 G

La consommation totale s'élève dès lors pour les 500,000 habitants à....................... 50.000 T
dont, fournies par les cultures locales........ 15.000 »
le reste, soit........ .... 35.000 »
est importé de l'Algérie du Nord. Une certaine partie cependant destinée au Territoire d'Aïn-Sefra provient des hautes vallées qui descendent de l'Atlas marocain vers le Sahara et en particulier de la vallée de l'Oued Ziz.

L'ensemble de cette exportation peut être évalué, à l'entrée dans les territoires, au chiffre approximatif de 7.000.000 de francs.

§ 3. **Autres cultures.** — Les autres cultures sont beaucoup moins importantes que celles du palmier ou des céréales et par cela même paraissent susceptibles d'une très grande extension avec l'amélioration des conditions économiques du pays.

Elles se rapportent aux arbres fruitiers, aux légumes, aux fourrages et enfin à quelques plantes industrielles, tabac, coton, ricin.

Arbres fruitiers. — L'oranger, le mandarinier, le citronnier, le grenadier, l'amandier, le figuier, l'abricotier sont cultivés dans les oasis. L'olivier est recommandé dans certaines régions, comme celle des Ziban. Le nombre de ces arbres et leur production peuvent être évalués de la manière suivante, d'après la statistique de l'Algérie :

TERRITOIRES	NOMBRE des arbres fruitiers	VALEUR en capital	VALEUR des produits
Aïn-Sefra...........	42.000	252.000	84.000
Ghardaïa...........	162.000	972.000	324.000
Touggourt..........	192.000	1.152.000	384.000
Oasis...............	4 000	24.000	8.000
TOTAUX.....	400.000	2.400.000	800.000

Cultures potagères. — Les cultures potagères sont pratiquées autour des villages par les ksouriens et sédentaires qui s'adonnent avec soin au jardinage. La pomme de terre réussit assez bien dans les régions irrigables des Hauts-Plateaux, principalement dans l'annexe d'Aïn-Sefra et le cercle de Djelfa. Ailleurs, on cultive les fèves, les haricots, divers légumes. L'asperge vient très bien dans l'Oued Rhir et, maintenant que le pays est desservi par un chemin de fer, pourrait donner lieu à un intéressant commerce de primeurs. On peut également y cultiver l'ail, les oignons et le piment.

Les superficies cultivées et les productions sont données dans le tableau suivant :

TERRITOIRES	SUPERFICIES CULTIVÉES		RÉCOLTES	
	HECTARES	VALEUR	QUINT.	VALEUR
Aïn-Sefra	400	240.000	4.400	88.000
Ghardaïa	5.600	3.360.000	66.000	1.320 000
Touggourt	1.400	840.000	13.000	260.000
Oasis	100	60.000	600	12.000
TOTAUX	7 500	4 500.000	84.000	1.680.000

Fourrages. — La création de réserves alimentaires pour assurer l'entretien et le développement du cheptel ovin de la Colonie, présente un très grand intérêt. Les prairies naturelles entretenues par l'humidité du sous-sol, qui existent dans les bas-fonds ou le long des thalwsgs des oueds constituent à cet égard les principales ressources offertes aux troupeaux, lorsque la sécheresse a détruit les pâturages ordinaires ou que ceux-ci sont devenus inutilisables par suite du manque d'eau d'alimentation.

Dans les régions mieux arrosées, on a commencé depuis quelques années à ensemencer des prairies artificielles, trèfles, luzernes, etc., mais les efforts dans ce sens sont encore insuffisants et les superficies ainsi plantées beaucoup trop réduites.

Le tableau ci-après indique la répartition, entre les

divers territoires, des superficies et de la production des prairies artificielles, ainsi que des près naturels auxquels le travail des habitants donne quelque valeur.

Les récoltes sont destinées, non à l'exportation, mais à l'alimeniation des animaux du pays. Nous avons néanmoins tenu compte de leur valeur, qui doit être considérée comme augmentant au moins d'autant le prix des animaux, mieux nourris que l'ensemble de ceux qui vivent sur les terrains de parcours.

TERRITOIRES	SUPERFICIES CULTIVÉES		RÉCOLTES	
	HECTARES	VALEUR	QUINT.	VALEUR
Aïn-Sefra.........	2.590	518.000	31.500	252 000
Ghardaïa	110	55.000	2 500	20.000
Touggourt........	290	145.000	5.800	44 000
Oasis........	10	5 000	200	1.600
Totaux......	3.000	723.000	40.000	317.600

La superficie cultivée à Aïn-Sefra se compose presque entièrement de prairies naturelles. Dans les autres territoires au contraire, on a ensemencé des prairies artificielles de plus fort rendement.

Plantes industrielles. — La région du Souf produit d'assez grandes quantités, environ 100.000 kilogs de tabac d'excellente qualité, qui est recherché par les indigènes comme tabac à priser. La vente des feuilles procure aux gens du Souf, une recette annuelle d'environ 202.000 fr. la valeur des plantations étant de.......... 377.000 fr.

On essaie d'introduire au Mzab la même culture. Celle du coton, introduite au Touat, il y a quelques années, s'y poursuit avec quelque succès.

La culture du ricin est pratiquée dans l'annexe de Biskra. Elle est susceptible d'une certaine extension et mérite d'être encouragée, en raison de l'utilisation nouvelle de l'huile de ricin par l'industrie automobile et en particulier par l'aviation.

En définitive, dans l'ensemble, la valeur en capital des cultures diverses et de leurs produits peut être représentée par les chiffres du tableau suivant :

TERRITOIRES	VALEUR EN CAPITAL	VALEUR des PRODUITS
Aïn-Sefra.............	1.010.000	424.000
Ghardaïa	4.387.000	1.664.000
Touggourt.............	2.514.000	890.400
Oasis.................	89.000	21.600
TOTAUX......	8.000.000	3.000.000

§ 4. **Alfa.** L'alfa est une plante industrielle que l'on utilise dans la sparterie, la corderie, la vannerie, mais dont le principal usage consiste dans la fabrication d'une pâte à papier fort appréciée.

Les pays de production sont l'Espagne, le Maroc, l'Algérie, la Tripolitaine dans lesquels on recueille annuellement..... .... 230.000 à 250.000 t. d'alfa. Dans ce total, la part de l'Algérie oscille autour de........ . ... 114.000 t. ce qui correspond à peu près à la moitié de la production totale. Cette proportion bien qu'élevée pourrait encore être beaucoup plus forte si la présence de voies ferrées permettait de mettre en exploitation la totalité des immenses étendues que recouvre la nappe d'alfa à l'intérieur de la Colonie.

L'alfa est, en effet, un produit pauvre qui ne vaut guère plus de 5 à 6 francs le quintal aux ports d'embarquement du littoral algérien et 2 fr. à 2,50 sur lieux de cueillette. Il ne peut donc pas supporter les transports coûteux et à trop longue distance.

Dans les Territoires du Sud, l'alfa ne se rencontre que

sur les Hauts-Plateaux du Territoire d'Aïn-Sefra où il occupe une superficie de.............. .... 1.300 000 Ha
et du Territoire de Ghardaïa où il recouvre . 300.000 Ha
Mais seule la zone du territoire d'Aïn-Sefra est exploitée dans la région voisine du chemin de fer. Dans ces dernières années la production moyenne a été d'environ 18.000 t. représentant une valeur à la sortie des territoires d'environ..... . ... 600.000 fr.

§ 5. **Forêts.** — Les forêts sont peu importantes dans les Territoires du Sud. Il convient cependant de citer celle du Senalba, entre Djelfa et Laghouat qui présente environ 110.000 hectares couverts de très beaux pins et 80.000 hectares de petite futaie. Elle n'est guère exploitée que pour les besoins locaux et la production de poteaux télégraphiques destinés aux lignes du Sud. Cette forêt prendra de la valeur avec l'établissement du chemin de fer de Laghouat.

Elle peut être évaluée à. . ... 300.000 fr.
rapportant............................ 15.000 »

Production Animale

La production animale constitue une partie importante des ressources des populations du Sud. L'élevage est, en effet, l'un des procédés les plus pratiques pour tirer parti des grandes étendues de terrain que les conditions climatériques des Hauts-Plateaux et du Sahara permettraient difficilement de soumettre à la culture.

Les européens se livrent peu à l'élevage qui est en quelque sorte le monopole des indigènes et surtout des tribus nomades. Les troupeaux sont leur principale richesse, assez instable à la vérité, car elle varie avec de sensibles fluctuations suivant la rigueur des hivers, l'état des pâturages, la quantité d'eau tombée ou les maladies qui s'attaquent aux animaux.

Dans le tableau ci-après nous indiquons d'une manière approximative la moyenne des animaux possédés par les indigènes des quatre territoires.

TERRITOIRES	MOUTONS	CHÈVRES	BOEUFS	CHAMEAUX	Chevaux Mulets Anes	Basse-Cour
Aïn-Sefra . .	650.000	126.000	9.000	60.000	13.600	33.000
Ghardaïa. . . .	750.000	226 000	10.500	40.000	12.800	46 000
Touggourt . .	173.000	120.000	500	30.000	8.000	70 000
Oasis	7 000	8.000	»	10.000	600	16.000
TOTAUX . .	1.580.000	480.000	20.000	140.000	35.000	165.000

Pour évaluer le montant de ces troupeaux nous admettrons comme valeur moyenne des animaux :

12 francs pour les moutons
8 » » chèvres
60 » » bœufs
120 » » chameaux
100 » » chevaux, mulets, ânes
1 » pour la basse-cour.

D'après ces bases, le capital afférent à l'industrie pastorale peut être fixé de la manière suivante :

TERRITOIRES	MOUTONS	CHÈVRES	BOEUFS	CHAMEAUX	CHEVAUX	BASSE-COUR	TOTAUX
Aïn-Sefra.	7.800.000	1.008.000	540.000	7.200.000	1.360.000	33.000	17.941.000
Ghardaïa .	9.000.000	1.808.000	630.000	4 800.000	1.280.000	46 000	17.564.000
Touggourt	2.076.000	960.000	30.000	3.600.000	800.000	70.000	7.536.000
Oasis.	84.000	64.000	»	1.200.000	60.000	16.000	1.424.000
TOTAUX.	18.960.000	3.840.000	1.200.000	16.800.000	3.500.000	165 000	44.465.000

Le produit annuel de ces troupeaux peut être évalué par tête, pour les moutons :

Produit des ventes, lait des brebis, toisons, peaux 6 fr.

Pour les chèvres :

Produit de la viande, lait, peaux.............. 4 »

Pour les bœufs : viande, lait, cuir............. 30 »

Pour les chameaux :

Valeur du transport, lait, viande, poil........ 60 »

Pour les chevaux.......................... 50 »

Pour la basse-cour .... 1 »

D'après ces bases, le produit total pour chaque territoire est indiqué dans le tableau ci-après :

TERRITOIRES	MOUTONS	CHÈVRES	BŒUFS	CHAMEAUX	CHEVAUX	BASSE-COUR	TOTAUX
Aïn-Sefra...	3.900.000	504.000	270.000	3.600.000	680.000	33.000	8.987.000
Ghardaïa...	4.500 000	904.000	315.000	2.400.000	640.000	46.000	8.805.000
Touggourt.	1.038.000	480.000	15.000	1.800.000	400.000	70.000	3.803.000
Oasis.......	42.000	32.000	»	600.000	30.000	16.000	720.000
Totaux...	9.480.000	1.920.000	600.000	8.400.000	1.750 000	165.000	22.315.000

Ainsi le cheptel, les bêtes de somme et la basse-cour que possèdent les indigènes représentent un capital de................................ 44.465.000 fr.
et donnent un produit de............. 22.315.000 »

Il est intéressant de se rendre compte, comme nous l'avons fait pour les palmiers, des mouvements qu'a subis depuis la création des Territoires du Sud, cette source importante de richesses.

Le tableau suivant en indique les fluctuations, d'après le nombre de moutons, chèvres, bœufs et chameaux recensés sur l'ensemble des territoires depuis 1905 :

ANNÉES	MOUTONS	CHÈVRES	BŒUFS	CHAMEAUX
1905...........	1.486.528	498.078	14 290	98.940
1906....	1.474 831	437.521	15 468	99.142
1907....	1.778.489	520 701	17.609	109.535
1908............	1.884.526	555.355	17.927	109.897
1909...........	1.878.862	540.052	16 949	129.780
1910...........	1.709.100	530 838	17.835	128.840
1911...........	1.418.300	445.442	18.909	147.892
1912...........	1.547.843	465.730	20.024	139.004
1913...........	1.779.517	524.854	22 349	140.272

L'examen de ce tableau permet de constater que l'effectif des moutons et des chèvres se maintient avec des fluctuations assez fortes autour de la moyenne que nous avons admise de 1.580.000 pour les premiers et de 480.000 pour les secondes, mais sans tendance à accroissement.

Au contraire, le nombre des bœufs augmente d'une manière continue ; quant à celui des chameaux, sa forte progression est due à des recensements plus précis, ainsi qu'à la faveur qu'à rencontrée cet élevage à la suite des achats à bons prix effectués par l'autorité militaire, au moment des opérations entreprises dans le Sud Oranais et au Maroc.

L'exportation porte sur les moutons ainsi que sur les produits de l'élevage, laines et peaux. Le mouton est la monnaie d'échange du nomade, comme la datte est celle du sédentaire. Les quantités dirigées sur le Nord sont en moyenne de........................ 400.000 têtes
dont.............................. 200.000 »
destinées à la consommation algérienne
et.................................... 200.000 »
embarquées pour la France.

Ces expéditions ont lieu, soit par les chemins de fer de pénétration, soit par les caravanes qui conduisent directement les troupeaux aux marchés du Tell.

La valeur de ces animaux, est supérieure à la moyenne du troupeau ; on peut la fixer à 15 francs par tête. Le montant de l'exportation est ainsi de... 6.000 000 fr.

Il convient d'y ajouter pour les laines, cuirs et peaux et autres produits animaux exportés : une quantité de 2.000 tonnes valant .... 3.000 000 fr.

La production annuelle que nous avons évaluée en chiffres ronds........................ 22.000.000 fr.
fournit donc à l'exportation........... 9.000.000 »
le reste, soit .... 13.000.000 »
étant consommé à l'intérieur des territoires.

Production minérale

On n'a guère entrepris de recherches minières que dans le Territoire d'Aïn-Sefra où l'on rencontre en de nombreux endroits des traces de cuivre, plomb argentifère, galène, antimoine, amiante, mais on n'a encore mis en exploitation aucun gisement de quelque importance.

Le sel gemme existe dans tout le Sud, mais il est surtout abondant dans le Territoire de Ghardaïa. D'après M. Ville, les Zahrez en contiendraient 530 millions de tonnes. Les sources du Rocher de Sel, sur la route de Djelfa, peuvent de leur côté fournir 14.000 tonnes. L'exploitation des dépôts de sel des Territoires du Sud ne peut avoir en vue le commerce d'exportation en raison de l'importance des frais de transport pour ce produit de peu de valeur ; elle se borne donc aux besoins des populations de la région.

Les constructions indigènes de toute nature sont faites en général en matériaux du pays.

L'ensemble de la production minérale ne dépasse pas................................ 1.000.000 fr.

Production industrielle

Les sédentaires utilisent la laine des troupeaux à la confection des vêtements et tissus indigènes et à la fabrication des tapis. Cette industrie, qui s'exerce à l'intérieur des familles, est particulièrement développée dans les oasis et les ksours, où elle est généralement pratiquée par les femmes. Elle est surtout prospère au Souf, au Mzab et dans le Sud Oranais.

Le montant de la production, déduction faite de la valeur des matières premières dont il a été déjà tenu compte dans l'inventaire de la production animale, peut être fixé à peu près à.................. 3 890 000 fr.

Quant au matériel et à l'outillage très rudimentaire des ateliers, on peut l'évaluer à .... 1.995.000 fr.

Les produits de la fabrication excèdent les besoins locaux et donnent lieu, surtout en tapis, burnous et haïcks, à une certaine exportation qui a tendance à progresser et d'une valeur approximative de 1.900.000 francs.

Outillage économique

L'outillage économique créé en vue de développer la production et de faciliter les échanges dans les Territoires du Sud comprend :

1° Les installations d'hydraulique agricole : puits ordinaires et artésiens, norias, canalisations d'eau, abreuvoirs, redirs, etc., toutes organisations indispensables pour pourvoir aux besoins en eau des populations, des cultures et des animaux dans ce pays soumis à une perpétuelle sécheresse.

Il convient d'y ajouter les habitations, tentes, gourbis ainsi que le matériel de toute nature : moulins, charrues, outils et instruments employés aux diverses branches de la production. Le montant de ce capital, établi d'après les bases de la statistique de l'Algérie, peut être réparti de la manière suivante entre les Territoires :

Aïn-Sefra	2.000.000
Ghardaïa	4.000.000
Touggourt	4.800 000
Oasis	1.200.000
Soit au total	12.000.000

2° Le réseau postal, télégraphique et téléphonique lequel comprend :

Postes	42
Lignes télégraphiques	2.500 km
Lignes téléphoniques	300 km

Le montant total du réseau peut être évalué à la somme approximative de .... 1.200.000 fr.

3° Les chemins de fer, qui se composent seulement des deux lignes du Sud Oranais et de Biskra-Touggourt-Tolga.

La première a un développement dans les Territoires du Sud de .... 440 km
du Kreider à Colomb-Béchar,
son prix de revient est de .... 28.000 000 fr.

La seconde a un développement de .... 253 km
dont 217 pour la ligne de Touggourt, et 36 pour l'embranchement de Tolga. Elle a coûté une somme approximative de .... 11.000.000 fr.

Le capital représenté par les chemins de fer est donc de.................................... 39.000.000 fr.

4°) les routes, caravansérails et aménagements divers d'une valeur approximative de.......... 3.000.000 fr.

5°) les bâtiments et établissements divers afférents aux services administratifs et militaires dont l'organisation est nécessaire pour maintenir l'ordre et la sécurité et assurer ainsi le développement économique du pays. Beaucoup de ces immeubles et de ces installations ont perdu de leur valeur par suite des modifications successives qu'ont entraînées les progrès de la pacification. Leur valeur actuelle peut-être évaluée à une somme approchée de................................ 3.000.000 fr.

Situation économique comparée

Dans un tableau que l'on trouvera ci-annexé, nous avons indiqué en détail la répartition par territoire des différentes sources de richesses en capital et en revenu. Les évaluations qui y sont contenues peuvent être résumées de la manière suivante :

TERRITOIRES	CAPITAL	PRODUIT BRUT
Aïn-Sefra........................	63.171.000	15.701.000
Ghardaïa........................	34.831.000	15.239.000
Touggourt........................	65 850.000	19 543.400
Oasis........................	11 148.000	3.516.600
TOTAUX..........	175.000.000	54.000.000

Sous une autre forme, la richesse du Sud peut être définie par les chiffres ci-après :

BRANCHES DE LA PRODUCTION	VALEUR EN CAPITAL	VALEUR DES PRODUITS
Agriculture...	70.340.000	26.795.000
Élevage	44.465.000	22.315.000
Industrie	1.995.000	4.890.000
Outillage économique	58.200.000	»
Totaux	175.000.000	54.000.000

Pour tirer de ces tableaux les conclusions qu'ils comportent, il est nécessaire de rappeler le chiffre de la population, ce qui permettra de nous rendre compte du montant de la production par habitant dans chacun des quatre territoires. Nous en avons également rapproché le taux de l'impôt :

TERRITOIRES	POPULATION	PRODUCTION par habitant	CHARGE d'impôt par habitant
Aïn-Sefra	148.000	106	10,81
Ghardaïa	142.000	107	10.67
Touggourt	168.000	116	10,54
Oasis	42.000	83	7,38
Total et moyennes	500 000	108	10,40

Comparaison entre les Territoires. — Si nous considérons tout d'abord le premier tableau, nous remarquerons que le Territoire de Touggourt, qui est le plus peuplé, est aussi, comme il est naturel, celui qui a la plus forte production. Sa richesse, basée sur la culture du palmier, est surtout agricole, comme on a pu le constater précédemment. Ce territoire, jusqu'à ces temps derniers, a souffert de l'absence de voie ferrée. La ligne de Touggourt, récemment ouverte à l'exploitation et celle de Tolga qui le sera prochainement vont permettre d'élargir les débouchés assurés jusqu'ici aux récoltes de dattes de l'Oued Rhir et des Ziban et contribuer ainsi à activer la mise en valeur de grandes étendues de terrain, facilement irrigables au moyen de puits artésiens dans l'Oued Rhir et d'eau de sources dans les Ziban.

Le Territoire d'Aïn-Sefra vient au second rang comme chiffre de population et de production. A l'opposé de celui de Touggourt, ses revenus proviennent plus de l'élevage que de l'agriculture. Or nous avons constaté que l'élevage ne montre aucune tendance à se développer, alors que la culture, au moins celle du palmier, progresse rapidement. Les conditions économiques sont donc ici moins satisfaisantes qu'à Touggourt, bien que depuis un certain nombre d'années un chemin de fer créé pour des raisons militaires desserve le territoire dans une grande partie de son étendue ; cette infériorité semble donc moins tenir à une insuffisance d'outillage qu'à la nature du terrain et à la sécheresse du climat. Toutefois, en attendant que le difficile problème d'une meilleure utilisation d'un sol ingrat puisse être convenablement résolu, la ligne Sud-Oranaise a permis de tirer parti des nappes d'alfa lesquelles fournissent un appoint intéressant à la production du Territoire. Par l'extension des voies ferrées, cette exploitation pourrait recevoir un notable développement.

Le Territoire de Ghardaïa, d'une population un peu plus faible que celui d'Aïn-Sefra, se trouve à peu près au même niveau de production. Le taux proportionnel par habitant est même très légèrement supérieur, résultat satisfaisant, si l'on considère que ce territoire est beaucoup moins bien desservi par les voies ferrées que ses deux voisins. Dans le Sud d'Alger, le chemin de fer ne dépasse pas encore Boghari ; la ligne va être incessamment prolongée jusqu'à Djelfa, ce qui apportera une amélioration considérable à la situation actuelle. Le pays en effet, au moins dans sa partie septentrionale, possède des ressources latentes appréciables : alfa, forêts, gisements de sel ; il semble d'autre part se mieux prêter aux travaux agricoles que le Territoire d'Aïn-Sefra et bénéficie enfin d'une population sédentaire plus nombreuse. Dans ces conditions, il n'est pas douteux que la présence d'une voie ferrée n'exerce une répercussion bienfaisante sur le chiffre de la production, mais il ne faut pas se dissimuler que la région intéressée n'arrivera à son plein épanouissement économique que par le prolongement du chemin de fer non seulement jusqu'à Djelfa, mais encore jusqu'à Laghouat et plus tard jusqu'à Ghardaïa, centre de l'importante agglomération du Mzab.

Le Territoire des Oasis est le plus deshérité. Sa production, comme sa population, est très faible, sans aucun rapport avec son immense étendue. Malgré la prépondérance des nomades, les ressources proviennent surtout des récoltes des palmiers ; l'élevage ne fournit qu'un appoint de peu d'importance. Le centre de production le plus développé est constitué par la magnifique palmeraie d'Ouargla, le plus grand massif d'arbres du Sahara. Biskra, Touggourt, Ouargla jalonnent la route d'accès la plus fréquentée vers les Oasis du Tidikelt et forment les étapes de la principale voie d'écoulement des dattes. Le chemin de fer ne dessert encore ce courant commercial que jusqu'à Touggourt ; il devra être prolongé jusqu'à Ouargla si l'on veut arracher le Territoire des Oasis à la torpeur dans laquelle il végète.

Culture et élevage. — L'examen du deuxième tableau qui indique la répartition des revenus entre les différentes branches de la production, donne également lieu à des remarques intéressantes :

On est parfois porté à croire que, dans le Sud, à l'inverse de ce qui se passe dans le Nord, l'élevage constitue la principale ressource des indigènes et fournit des revenus supérieurs à ceux de la culture. Le tableau dont il s'agit montre que cette opinion n'est pas exacte.

Le montant de la production agricole s'élève en effet à .... 26.795.000 fr.
contre une production animale de...... 22.315.000 fr.

Ce résultat était d'ailleurs à prévoir d'après le relevé des contributions arabes. Comme on peut s'en rendre compte, en effet, par l'examen des recettes budgétaires figurant dans les annexes du présent mémoire, le montant des impôts affectant les revenus agricoles (achour, lezma, hochor) es supérieur au montant analogue (zekkat) frappant l'élevage. Pour 1914, les impôts agricoles se sont élevés, en principal, à................. 955.609 fr. 31
tandis que le zekkat n'a atteint que...... 878.638 fr. 66

Le revenu de l'agriculture est d'ailleurs incomparablement plus stable et plus sûr que celui de l'élevage ; et même, grâce à l'augmentation continue des plantations de palmiers dans le Territoire de Touggourt et au développement que l'on peut attendre pour les céréales et certaines cultures industrielles dans les autres territoires, ce revenu nous paraît appelé à croître sensiblement dans l'avenir.

Quant à l'élevage, extensif et vagabond, tel que le conçoivent les tribus nomades du Sud, il se trouve actuellement dans une période stationnaire, annonciatrice, non pas de déclin, mais plutôt de transformation dans un sens moins primitif. On a beaucoup discuté pour savoir si ce mode d'élevage est une cause ou un effet du nomadisme ; si le nomadisme ne doit être considéré que comme une étape dans la marche de l'humanité ou si au contraire il est une fonction de la race ou encore du milieu. Deux auteurs qui ont étudié la question avec un soin particulier, Augustin Bernard et Lacroix (voir leur ouvrage sur l'*Évolution du nomadisme en Algérie)*, penchent pour cette dernière opinion et estiment que le nomadisme, avec le système d'élevage qui en découle, constitue la meilleure utilisation du sol sur les steppes des Hauts-Plateaux et du Sahara.

Envisagé sous cet aspect, en tant que conséquence du climat, le nomadisme devrait rester fatalement immuable, et, dès lors, on serait en droit de conclure que les Hauts-Plateaux algériens ne pourront jamais être la demeure des sédentaires ; mais, comme le fait très bien remarquer M. Brunhes, dans son intéressant traité de géographie humaine, cette immutabilité n'est point complète. Sans doute le nomadisme doit bien son origine à l'activité pastorale, mais il dépend aussi d'autres facteurs : le nomade est non seulement un pasteur, mais aussi un grand commerçant et ses caravanes ont jusqu'à présent effectué la presque totalité des transports de dattes, de céréales et de marchandises de toute nature entre le Nord et le Sud. On sait encore que le nomade se transforme volontiers en pillard. Les produits de la chèvre et du mouton ne forment qu'une partie de ses ressources ; le bénéfice de ses transports par chameaux en constitue une autre à peu près aussi importante, comme on peut le constater en se reportant aux tableaux que nous avons donnés précédemment ; en outre, jusqu'à une époque encore peu éloignée, ses razzias au détriment des sédentaires venaient encore lui procurer un certain appoint de ressources. Mais les conditions d'une semblable existence sont en voie de transformation rapide. Les progrès de la pacification d'une part, l'installation de voies ferrées d'une autre, ont déjà commencé à exercer leur influence sur les mœurs des nomades. Les caravanes à long parcours sont appelées à se restreindre ; le nomadisme verra son cercle se rétrécir. Sans doute nous ne pensons pas qu'il soit destiné à disparaître prochainement, car il existe malheureusement dans le Sud de trop grandes étendues, où, pour des siècles peut-être, nulle autre industrie ne sera possible que celle du vagabondage pastoral, mais sur beaucoup d'autres celui-ci devra petit à petit céder la place à l'élevage rationnel et intensif grâce à l'aménagement convenable des pâturages, à la création de points d'eau et à une meilleure utilisation des ressources existantes. C'est par des procédés analogues qu'on a obtenu des résultats très efficaces dans des régions assez semblables au sud algérien.

En Australie, par exemple, dans le bassin du Murray, les travaux d'irrigation ont permis de créer des cultures de luzerne ; grâce à cette plante on nourrit sur 80 hectares 15.000 moutons, soit 187 par hectare, tandis que jadis, dans le même pays, il fallait 2 hectares pour nourrir 5 moutons (Privat-Deschanel, *La question de l'eau dans le bassin du Murray*).

Quant au chameau, c'est une erreur à notre sens de croire que son existence est liée à celle du nomadisme et que toute atteinte à celui-ci doit lui être fatale. L'introduction des chemins de fer en Algérie n'a aucunement diminué le nombre des chameaux, comme on serait tenté de le croire, et leur nombre actuel ne paraît pas être inférieur à ce qu'il était au moment de l'arrivée des Français en 1830 ; mais il est certain que le mode d'utilisation de ces animaux est appelé à subir de notables modifications.

Les chemins de fer supprimeront les grands déplacements des caravanes, mais en décuplant, en centuplant peut-être les échanges, ils auront pour effet de multiplier les transports locaux à courte distance dont le chameau est le principal organe.

Les grandes étapes seront remplacées par la considérable augmentation des petits parcours entre les oasis, les ksours et les gares voisines. Une évolution analogue s'est du reste accomplie ailleurs et sous l'influence des mêmes agents. Les grandes routes des caravanes du thé et de la soie dans l'Asie Centrale sont en voie de disparaître par suite de la pénétration des voies ferrées ; les grandes foires annuelles ont cédé la place à des marchés plus fréquents. (Brunhes, *Géographie humaine*). C'est également ce que l'on constate dans notre Sud Algérien où, dans beaucoup d'oasis, des marchés devenus hebdomadaires attirent les indigènes en foules de plus en plus nombreuses.

Ces conditions nouvelles modifient petit à petit les habitudes des nomades qui déjà, en plusieurs points, notamment au Souf et dans l'Oued Rhir, s'intéressent de plus en plus aux plantations et manifestent des tendances à se fixer.

Il n'est pas douteux que, grâce à ce phénomène, les revenus agricoles n'aillent en s'accroissant de plus en plus, sans que pour cela, on doive nécessairement redouter l'affaiblissement des troupeaux, lesquels sur un sol mieux arrosé, mieux organisé et plus travaillé peuvent continuer à vivre et à prospérer tout en resserrant le cercle de leurs migrations. Les gauchos de la pampa et les cow-boys du far-west américain sont passés par les mêmes vicissitudes, et, bien que la sécheresse du pays ne permette pas d'envisager dans un avenir prochain la substitution de la hacienda argentine ou de la ranche canadienne au nomadisme destructeur de nos indigènes du Sud, on peut cependant espérer une évolution qui permettra de tirer de nos territoires sahariens le parti et les profits que les Anglais en Amérique et en Australie et les Allemands dans leur Sud-Ouest Africain aujourd'hui Bothaland, ont su tirer de régions qui ne sont pas notablement mieux douées que les Hauts-Plateaux algériens.

Nous nous sommes un peu étendus sur ces considérations relatives à la culture et à l'élevage, car elles ont une grande importance pour le développement ultérieur des Territoires du Sud.

On peut en dire autant de l'industrie, dont les produits, ainsi qu'on peut le constater par l'examen du tableau reproduit au début de ce chapitre, ne sont nullement négligeables, bien que son outillage soit encore tout à fait rudimentaire. L'une des branches principales de cette industrie consiste dans la fabrication des tapis. C'est une industrie de luxe qui rapporte cependant fort peu aux indigènes qui s'y adonnent par suite de la médiocrité de leurs installations et de leurs métiers. Cette source de revenus paraît susceptible de sérieux progrès.

Commerce

Dans l'inventaire qui précède des ressources des Territoires du Sud nous avons indiqué, pour chaque branche de la production, la part approximative qui, n'étant pas consommée sur place ou à l'intérieur des territoires, était exportée au dehors soit à destination de l'Algérie du Nord, soit à destination de la France ou des pays étrangers. En outre, des relations commerciales suivies existent, d'une part avec le Tafilalet, le Haut Guir et la région d'Aïn-

Chaïr, d'autre part avec Ghadamès et la Tunisie, enfin au Sud, mais d'une manière plus espacée, avec le Soudan. Colomb-Béchar est le principal centre des opérations avec le Maroc ; les produits de la Tripolitaine et de la Tunisie vont à Guémar et à El-Oued ; ceux du Soudan à In-Salah. Ce commerce entre régions de productions analogues porte en très grande partie sur des marchandises en transit.

Exportations. — Les exportations comprennent essentiellement en quantités et en valeurs les marchandises suivantes :

dattes, 25.000 tonnes, valant........... 7.000 000 fr.
alfa, 18.000 » » .... 600.000 »
moutons, 400 000 animaux, valant...... 6.000.000 »
produits de l'élevage, 2.000 tonnes, valant 3.000.000 »
industrie, 500 tonnes, valant........... 1.900.000 »
au total, 45.500 tonnes, 400.000 animaux, d'une valeur de.............................. 18.500.000 fr.

Pouvoir d'achat. — Sur l'ensemble de la production qui représente, nous l'avons vu, une somme de 54 000.000 fr. la consommation à l'intérieur du pays atteint donc le chiffre de .... 35 500.000 fr.
laissant un excédent de.............. 18.500.000 »
qui mesure le pouvoir d'achat de la population, vis-à-vis de l'extérieur.

Les habitants du pays, par le seul fait des échanges, peuvent donc recevoir annuellement une quantité de marchandises venant balancer le montant de leurs exportations. Mais le commerce extérieur des Territoires du Sud est influencé par quatre facteurs d'intensité variable qui ont pour effet d'augmenter le chiffre des importations par rapport à celui des exportations.

1° La présence de troupes dont le ravitaillement est assuré au compte de la métropole ;

2° L'existence au Mzab de familles de riches commerçants indigènes, lesquels soldent au moyen des bénéfices recueillis dans le Tell les envois de marchandises, qu'ils effectuent sur Ghardaïa. Un phénomène analogue, quoique de moindre envergure, se produit au Souf dont une partie de la population, 2 à 3.000 personnes environ, émigrent tous les ans et vont travailler, soit dans le Nord comme maçons, soit de préférence aux mines de phosphates de Gafsa et renvoient dans leur pays natal une partie de leurs économies bientôt transformées en importations de diverses marchandises ;

3° Un certain mouvement de touristes qui depuis plusieurs années se dessine dans l'Oued Rhir et les Ziban et ira certainement en s'accentuant avec le développement des voies ferrées dans la région. Les dépenses effectuées aux frais de ces hôtes de passage auront pour effet d'augmenter sensiblement les importations dans le Territoire de Touggourt ;

4° Enfin il convient également de tenir compte des expéditions de matériel et outillage divers faites à titre de premier établissement et qui a certains moments représentent des capitaux importants ; c'est ainsi que dans ces dernières années, la construction de la ligne de Touggourt a donné lieu à une importation moyenne de deux millions par an. On peut s'attendre à la continuation des expéditions de même nature, soit par suite de l'extension des chemins de fer dans le Sud, soit en raison du développement de l'outillage hydraulique et agricole (en particulier des puits artésiens) dans les régions ouvertes à la colonisation, grâce aux voies ferrées, soit encore par l'effet de la création de centres nouveaux, ou de l'essor d'anciennes localités telles que Touggourt, où l'on peut escompter à brève échéance la construction d'une station hivernale pour touristes.

Pour ces diverses raisons on peut s'attendre, et c'est ce qui se produit en effet, à ce que les importations dans les Territoires du Sud soient sensiblement supérieures aux exportations. Nous allons les passer en revue :

Importations. — Nous avons vu précédemment que le Sud ne produit qu'une très faible partie des céréales nécessaires à son alimentation. Les grains et farines constituent donc le principal article d'importation avec une quantité de .... 35 000 t.
représentant une valeur d'environ...... 7.000.000 fr.

Les autres marchandises consistent principalement en :

sucres, cafés, denrées, épicerie....	5.000 t.
tissus et cotonnades..............	400 »
matériaux de construction......	3.600 »
divers (tabacs, savons, quincaillerie, etc.)	5 000 »
d'un tonnage approximatif total de ...	14.000 »
et d'une valeur moyenne de...........	14.000.000 fr.

Quant au matériel et outillage de premier établissement, on peut admettre une moyenne de...... 3.000 t.
valant .... 1.500.000 fr.

Le tableau des importations comprend donc :

Céréales.............	35.000 t.	valant	7.000 000 fr.
Marchandises diverses	14 000	—	14.000.000 »
Matériel et outillage..	3.000	—	1.500.000 »
Au total........	52.000 t.	valant	22.500.000 fr.

Transit. — Grâce au passage en franchise dont bénéficient à travers l'Algérie diverses catégories de marchandises d'origine non seulement française, mais encore étrangère, un commerce de transit d'une certaine importance s'est établi à la frontière algéro-marocaine. Pour la partie de ce commerce qui s'exerce dans les Territoires du Sud, les entrées au Maroc peuvent être évaluées à 3.500 t. d'une valeur de.... .... 3.500.000 fr.

En sens inverse, les entrées en Algérie comprennent des céréales dont il a été déjà question et destinées au cercle d'Aïn-Sefra ; environ 20.000 animaux et 800 t. (cuirs, peaux, laines) d'une valeur approximative de.................... .... 2.000.000 fr.

La différence dans les valeurs provient de la présence de troupes assez nombreuses dans le cercle de Bou Denib, en territoire marocain.

Du côté des frontières de Tunisie, de Tripolitaine et du Soudan, l'importance des transactions est d'environ.................... . 3.500 000 fr.

Au total pour l'ensemble des Territoires du Sud, et les deux sens compris, le commerce de transit peut être évalué

en quantités à :	marchandises......	8.000 t.
»	à : animaux.........	20.000
en valeur à	....	9.000.000 fr.

En définitive, le commerce extérieur des Territoires du Sud est caractérisé par les chiffres suivants :

Exportations....................	18.500.000 fr.
Importations....................	22.500.000 »
Transit........................	9.000.000 »
Commerce général total....	50.000.000 fr.

Le commerce spécial, ne comprenant pas le transit, s'élève à........................ 41.000.000 fr. correspondant à 82 francs par habitant.

Pour l'Algérie du Nord, le commerce spécial s'élève à environ........................ 1.200.000.000 fr. correspondant à 240 francs par habitant.

En valeur absolue, le commerce des Territoires du Sud est analogue à celui de la plupart de nos colonies africaines : Guinée française, Côte d'Ivoire, Dahomey, Afrique équatoriale, ainsi qu'à celui du Cameroun et de l'Est-Africain anglais.

Rapporté au nombre d'habitants, il est trois fois inférieur à celui de l'Algérie du Nord, ce qui est naturel, car l'activité économique est encore loin d'avoir atteint dans le sud le niveau des régions depuis longtemps colonisées du Tell et des Hauts-Plateaux. Ce commerce est pourtant loin d'être négligeable et n'est pas inférieur en densité par habitant à celui de certaines contrées d'Europe, en particulier de la Grèce, de la Bulgarie et de la Serbie.

Nous n'ignorons pas que, si la comparaison avec l'Algérie du Nord est justifiée dans une certaine mesure par l'analogie de productions et d'état économique des deux pays, celle avec les contrées européennes ne laisse pas que d'être quelque peu excessive, car les conditions d'un côté et de l'autre sont bien différentes.

Aussi, ce rapprochement n'a-t-il dans notre esprit d'autre but que de montrer d'une façon sensible que les Territoires du Sud, malgré une grande étendue désertique ne se composent pas uniquement, comme on se le figure trop généralement, de steppes stériles, mais possèdent une réelle importance économique, susceptible de développement par une mise en valeur appropriée.

Bilan et Avenir économique des Territoires du Sud

Nous connaissons maintenant ce que valent les Territoires du Sud, ce qu'ils produisent, ce qu'ils consomment et ce qu'ils échangent. Le moment est venu de condenser dans un tableau d'ensemble les chiffres représentatifs de leur valeur économique.

Nous les donnons ci-après :

Population...................	500.000 h.
Valeur en capital..............	175.000.000 fr.
Production	54.000.000 »
Exportations..................	18.500.000 »
Importations..................	22.500.000 »
Transit......................	9.000.000 »
Commerce extérieur général.....	50.000.000 »
Commerce spécial..............	41.000.000 »
Capital par habitant	350 »
Production par habitant........	108 »
Commerce extérieur par habitant.	82 »

Ces chiffres caractérisent la situation économique actuelle des Territoires du Sud ; ils sont faibles sans être négligeables. Leur examen permettra de se rendre compte du sens de l'évolution à accomplir pour améliorer les conditions d'existence dans ces vastes étendues.

Développement des Territoires du Sud. — L'indice le plus caractéristique du degré de richesse d'un pays est le montant de sa production. Celle-ci est faible dans les Territoires du Sud, soit qu'on la compare à la superficie occupée, soit qu'on la rapporte au nombre des habitants. Le taux par habitant, soit.................... 108 fr. montre en particulier que le travail de la population donne des résultats encore assez médiocres. Bien que nous n'ayons pas fait le même calcul pour l'Algérie du Nord, nous sommes portés à croire d'après certaines données que le rendement dans cette colonie y est près de trois fois supérieur à celui du Sud. On ne saurait cependant s'étonner d'un semblable écart. Le sol est en effet beaucoup moins fertile dans le Sud que dans le Nord ; les indigènes abandonnés à eux-mêmes n'y sont point incités au travail par la présence d'une nombreuse population européenne leur donnant l'exemple de son activité ; enfin l'outillage économique, malgré de sérieux efforts dans ces dernières années, y est encore à l'état rudimentaire ; c'est ce que permet de constater le chiffre du capital, lequel n'atteint que 350 francs par habitant. Ce taux est tout à fait insuffisant. Dans le Nord, où il reste cependant encore beaucoup à faire, il n'est pas douteux que les aménagements de toute nature et l'outillage divers mis en œuvre sous l'influence du travail de la population, est proportionnellement au moins trois fois plus élevé.

Un chiffre plus satisfaisant est celui du commerce extérieur, nous l'avons déjà fait observer ; le taux par habitant de 82 francs pourrait même étonner quelque peu, si l'on ne prenait en considération les conditions spéciales du pays. Celui-ci en effet par le manque de variété de sa production est incapable de vivre sur lui-même comme maintes régions au sol plus favorisé. Il lui est indispensable dans une proportion assez large d'avoir recours à l'extérieur ; et il le peut d'autant plus facilement qu'il dispose comme moyens d'échange d'un produit qu'on ne retrouve guère ailleurs, la datte, et d'un autre produit le mouton, dont la demande n'a cessé de croître par suite du développement de la consommation. Le pouvoir d'achat par habitant semble même devoir continuer à croître par la simple hausse des prix des deux branches essentielles de la production, la datte et le mouton ; c'est ce qui s'est vu maintes fois en France, en Algérie du Nord, et ailleurs dans les périodes de hausses exceptionnelles, comme celle périodique des vins par exemple. Mais ce genre de prospérité, fondé sur des fluctuations de prix, repose sur des bases quelque peu incertaines. On obtiendra des résultats plus sûrs et plus solides en agissant sur le deuxième élément de la valeur de la production, c'est-à-dire : sa quantité. C'est celle-ci qui est le principal facteur de la richesse, et c'est elle par conséquent qu'il convient d'accroître par la mise en valeur méthodique du sol sous la double influence du travail des habitants et de l'apport d'un capital approprié.

Dans cet ordre d'idées, il reste encore beaucoup à faire dans les Territoires du Sud, et puisque, pour commencer tout au moins, nous ne pouvons modifier ni les conditions du terrain, ni la manière d'être des indigènes, c'est sur l'organisation de l'outillage économique que devront porter nos premiers efforts.

Cet outillage est à peu près partout le même dans les pays neufs ; il doit comprendre :

1° Des chemins de fer ;

2° Des pistes pour automobiles ;

3° Des aménagements hydrauliques et agricoles ;

4° Des champs d'expérience pour les cultures nouvelles à entreprendre.

Chemins de fer. — Le chemin de fer, on ne saurait trop le répéter, est le principal instrument de développement et de colonisation des contrées neuves. Cette vérité si évidente, consacrée par l'expérience des jeunes continents, est pourtant encore contestée en Algérie par nombre de personnes qui ne voient que le coût souvent onéreux de la voie ferrée, calculent son rendement généralement insuffisant, et déclarent qu'avant de se lancer dans des dépenses certaines pour un résultat problématique, il serait plus sage d'attendre que les progrès du pays aient garanti l'existence d'un trafic rémunérateur. Pourquoi ne pas entreprendre d'abord les travaux moins coûteux de mise en valeur, les constructions de puits par exemple ? Le chemins de fer viendra ensuite lorsqu'on sera complètement édifié sur la productivité de la région intéressée. Cela paraît raisonnable ; malheureusement cette manière de faire s'est toujours montrée inefficace dans la pratique, au moins dans les pays neufs.

L'absence de communications faciles et économiques, en restreignant les échanges aux seuls besoins locaux, n'incite guère en effet au développement de la production. En outre, elle interdit à peu près l'introduction de tout outillage quelque peu encombrant ou délicat et le nombre des travaux ou aménagements susceptibles d'être tentés par un colon, animé d'un esprit de progrès, se trouve dès lors sensiblement réduit. C'est ainsi qu'à moins de frais prohibitifs, il est inutile de songer à la création de puits artésiens à grande profondeur, lesquels exigent la mise en œuvre d'un matériel considérable pesant et volumineux, difficile à charger sur les chameaux, seul moyen de transport usité dans le Sud ; en outre, qu'il s'agisse de travaux ou de cultures, il est peu aisé de trouver, et lorsqu'on les a trouvés, de conserver des agents capables de diriger de semblables opérations dans des pays d'un accès aussi impraticable.

Les colons ne viennent pas et ne restent pas dans un pays sans chemin de fer. Mais le chemin de fer n'a pas pour seul effet, en attirant et en retenant les colons, de pousser à la production et de l'accroître en quantité, il a aussi pour conséquence, par un phénomène analogue à celui des vases communiquants, de lui donner sa pleine valeur, trop dépréciée dans les pays sans débouchés et de l'établir immédiatement au niveau, souvent bien supérieur, réalisé dans les autres pays, où les échanges s'effectuent en toute liberté.

Ce fait économique est particulièrement visible et caractéristique dans les Territoires du Sud, qui, comme nous l'avons fait remarquer, donnent naissance à une production de luxe, la datte. Ce fruit très cher en Europe et aux États-Unis, n'a que peu de valeur dans les Oasis Sahariennes où on ne peut pas l'écouler. Aussi les habitants sont-ils obligés de s'en contenter pour leur nourriture d'un bout à l'autre de l'année. Que le chemin de fer vienne les relier au monde civilisé, immédiatement la datte augmente de valeur au grand bénéfice de la bourse des indigènes qui se trouvent alors en mesure d'acheter des céréales ou autres marchandises dont ils étaient privés jusque là.

Actuellement, le seul moyen de transport existant dans les Oasis Sahariennes est le chameau qui porte au maximum 200 kilogs, mais en moyenne 140 à 150 seulement, devant être répartis en deux charges, à peu près égales et de dimensions restreintes, susceptibles de s'adapter au corps de l'animal. Ce mode de transport exclut donc les colis pesant plus de 100 kilogs, de même que ceux trop longs ou encombrants. La vitesse d'acheminement ne dépasse guère en moyenne 25 kilomètres par jour. Le coulage et les détériorations ne peuvent être évités. Quant au prix de transport, sans tenir compte des risques de perte ou d'avarie, il est extrêmement variable suivant les époques et les circonstances, mais peut être évalué en moyenne à 0 fr. 40 la tonne kilométrique.

Avec le chemin de fer, au tarif kilométrique de 0 fr. 12 à 0 fr. 15 la tonne, les frais de transport sont trois fois moindres, et la vitesse, à raison de 300 kilomètres par jour, est douze fois supérieure. En réalité la vitesse est considérablement plus grande, car l'expéditeur a toujours le chemin de fer à sa disposition tandis que, dans le cas de transports par chameaux, il doit attendre le passage ou le bon plaisir des caravanes.

Un wagon de 10 tonnes transporte la charge de 60 à 70 chameaux. Un train de marchandises composé de 20 wagons enlève le chargement de 1,200 chameaux. Trois trains par semaine pendant toute l'année représentent un mouvement journalier de caravanes de 5 à 600 chameaux.

Il suffit d'énoncer ces chiffres pour se rendre compte de l'impossibilité où se trouvent les caravanes d'assurer tout trafic régulier, rapide ou économique de marchandises.

Malgré cela, on reproche parfois au chemin de fer, sinon de ruiner, tout au moins de compromettre l'industrie des nomades, lesquels vivent en partie des transports effectués par leurs chameaux. Nous avons déjà répondu en partie à cette objection en faisant remarquer que les chemins de fer ont pour effet de multiplier dans une proportion considérable le volume des transactions de toutes sortes, et que, s'ils suppriment dans certaines directions les déplacements à grands parcours, mais assez rares, des caravanes, ils augmentent par contre considérablement les transports à petite distance, et ne diminuent en aucune sorte le travail des chameaux ; c'est ce que nous avons constaté, en particulier, dans la région de Touggourt, où, depuis l'établissement de la voie ferrée, la circulation des chameaux a diminué entre Biskra et Touggourt, mais a notablement augmenté sur les trajets des oasis aux gares.

Entre Temacine et Touggourt (12 kilomètres) par exemple, de même qu'entre Blidet Amor et Touggourt (23 kilomètre) la demande de chameaux s'est fortement accrue, et les prix de transport sont passés sur le premier parcours de 1 fr. 25 la charge à 2 fr. 50, et sur le second de 2 fr. 50 à 5 francs. Les prix payés aux nomades ont donc doublé en même temps que les transports ont augmenté. Il en est de même dans toutes les oasis voisines de l'Oued Rhir.

Quand on jette les yeux sur une carte du Sahara et qu'on mesure l'immense développement des pistes caravanières, lequel n'est guère inférieur à 20,000 kilomètres, on se rend mieux compte que les quelques centaines de kilomètres de voies ferrées nécessaires pour donner la vie à cette masse inerte, n'auront aucunement pour effet de ruiner le mouvement anémique des lamentables caravanes qui, deux ou trois fois l'an, cheminent entre l'une et l'autre des agglomérations misérables des Territoires du Sud. Bien au contraire, en incitant les habitants au travail, en stimulant la production, en lui donnant toute sa valeur, le chemin de fer peut seul arracher ces régions au dépérissement dont quelques-unes sont déjà atteintes. Les nomades, qui n'ont pas grand chose à perdre, ne peuvent que gagner à une semblable transformation, appelée à multiplier considérablement les échanges sur les anciennes pistes, et peut-être à créer de nouveaux courants, comme il s'en produit actuellement dans plusieurs directions, affluentes de la ligne de Touggourt.

Croit-on par exemple qu'El Goléa qui est. de l'avis de tous ceux qui y ont séjourné, l'un des sites les plus pittoresques du Sud, en même temps que l'une des régions les plus favorisées au point de vue agricole par la qualité de ses eaux et de son sol sur lequel prospèrent non-seulement les palmiers, mais encore les cultures de France : fruits, céréales, pommes de terre, légumes de toutes sortes ; croit-on qu'un semblable pays, aujourd'hui laissé à l'abandon ne verra pas sa population et sa production progresser rapidement dès que le rail atteindra Ouargla et que des automobiles parties de ce dernier point permettront d'y accéder en quarante-huit heures, alors qu'aujourd'hui 19 jours d'étapes à cheval ou à mehari sont nécessaires, dont plusieurs sans eau. Ne peut-on en dire autant d'Ouargla lui-même ? et n'est-il pas évident que les Chambas, qui d'ailleurs ont plus ou moins des intérêts dans les palmeraies, ont tout à gagner à la prospérité que le chemin de fer peut apporter à ces oasis et ne peuvent que perdre au lent dépérissement où elles s'enlisent ?

Mais il nous paraît inutile d'insister sur les vérités aussi simples. Dans les pays neufs, le chemin de fer doit passer avant tout autre outillage. C'est ce qu'ont parfaitement compris les Anglais, nos maîtres en colonisation : aux États-Unis, en Australie, au Canada, dans les déserts de sable du Soudan Egyptien, comme dans les steppes de la Rhodésie, partout dans leurs colonies, le rail a précédé le pionnier. Pour ne citer qu'un exemple, au Canada, de 1905 à 1914, soit en neuf ans, le réseau ferré a augmenté régulièrement tous les ans de 1,000 à 1,500 kilomètres, construits dans des régions inhabitées, où le colon s'implante ensuite, derrière la locomotive. Le Canada, l'un des pays les plus prospères du monde, est une de nos anciennes colonies que nous avons dédaignée autrefois sous prétexte qu'elle ne contenait que quelques arpens de neige. Aujourd'hui nous dédaignons le Sahara. Sans vouloir le comparer au Canada, nous pensons qu'il y a quelque excès dans cet abandon et qu'il serait sage, en même temps que profitable, de lui fournir dans ses directions les plus intéressantes le moyen de participer à la vie économique de l'Algérie.

Pistes pour automobiles. — Dans ces régions à longs parcours sans eau, l'établissement de routes destinées à permettre les transports par voitures est fort peu pratique. Une semblable construction dans un pays généralement facile et peu accidenté où l'on ne rencontre aucun écoulement d'eau ne nécessite, il est vrai, presqu'aucun ouvrage de quelqu'importance, mais l'absence d'eau et parfois de pierre rend extrêmement difficile la construction de la chaussée ; quant à l'entretien, il est dans la plupart des régions à peu près impossible. Il n'existe actuellement dans les Territoires du Sud que deux routes empierrées, celle de Boghari à Djelfa et Laghouat et celle de Bouktoub à Géryville. Leur entretien n'a jamais cessé d'être fort coûteux et depuis longtemps il y aurait eu intérêt à les remplacer par un chemin de fer. Le prix d'établissement de ces routes peut être évalué par kilomètre, à 10 ou 15.000 francs.

Un chemin de fer aurait coûté quatre à cinq fois plus cher, mais exploité économiquement, il eut couvert ses frais annuels d'exploitation et d'entretien, et peut être donné des produits nets, alors que les routes, avec un entretien insuffisant, exigent une dépense annuelle d'au moins, par kilomètre........................ 800 fr.

Quant aux bienfaits de toute nature qu'une voie ferrée eût procurés aux pays traversés, ils sont incomparablement supérieurs à ceux d'une route.

Dans les pays neufs que nous avons cités plus haut, les chemins de fer ont précédé les routes ; il n'y a pas lieu de procéder différemment dans l'Algérie du Sud où la constitution du sol et le climat ne cesseront d'opposer des obstacles insurmontables à l'établissement de routes convenables.

Concurremment avec le chemin de fer, on peut se contenter des pistes existantes, aménagées cependant de façon à permettre la circulation des automobiles, seul véhicule pratique dans les grands espaces du Sahara. Les travaux à entreprendre à cet effet sont extrêmement simples ; ils ne consistent guère que dans un jalonnement et un débroussaillement du tracé et l'aménagement des rares passages difficiles. La présence des sables est le plus sérieux obstacle que puisse rencontrer les automobiles. Sur certains parcours, tels que ceux de Djamâa à El Oued ; d'El Oued à Tozeur ; de Touggourt à Ouargla, on ne peut les éviter, mais, si les automobiles construites pour la circulation sur routes ne sont pas actuellement en mesure d'affronter de semblables parcours, il ne semble pas impossible d'imaginer certains dispositifs susceptibles de permettre le franchissement des passages sablonneux et même duneux. A cet effet, les modifications à apporter aux systèmes actuels paraissent devoir être les suivants : rendre moteur l'essieu d'avant comme celui d'arrière, ce qui augmenterait l'adhérence ; disposer d'une première vitesse très faible ce qui permettrait à l'automobile d'utiliser sa puissance en force et non en vitesse, dont on n'a que faire dans le sable ; élargir le bandage des roues de manière à diminuer la pression sur la surface d'appui ; tenir le carter assez élevé au-dessus du sol ; pour les passages particulièrement difficiles, prévoir l'adjonction aux roues d'enveloppes spéciales avec stries destinées à fixer le sable sous les roues et à éviter ainsi le creusement qui se produit lorsque les roues motrices dans leur mouvement de rotation, rencontrent un obstacle fuyant comme le sable.

De semblables automobiles doivent avoir une puissance de 30 à 40 chevaux. Sous la pression des nécessités militaires, on est arrivé dans ces derniers temps à construire des tracteurs pesant plusieurs tonnes (6 tonnes pour les tracteurs de 155 longs, 45 chevaux) avec leurs quatre roues motrices et directrices, lesquels accomplissent des travaux impossibles à demander à des attelages et passent en tous terrains, franchissant talus et fossés ; les difficultés que l'on rencontre dans le Sahara ne sont pas supérieures, et il semble qu'il suffise d'une adaptation et d'une mise au point convenables pour arriver à en triompher.

Quant à l'aménagement des pistes, en dehors des quelques travaux très simples que nous avons indiqués, il devrait comprendre également l'installation de bordjs, tous les 160 kilomètres environ, distance que l'on peut considérer comme l'étape normale d'une journée d'automobile sur piste. Ces bordjs, composés de deux ou trois chambres, permettraient aux voyageurs de passer la nuit à couvert. Ils devraient être placés dans le voisinage d'un puits, où on renouvellerait la provision d'eau.

Ainsi organisée, une piste automobile ne reviendrait pas au maximum à plus de 100 francs par kilomètre. Avec cette dépense, relativement insignifiante on devrait arriver à rendre abordables et habitables par des Européens nos Oasis Sahariennes, et assurer également des communications régulières avec nos possessions du Soudan. Par ce procédé, il serait possible de mieux se rendre compte de la valeur économique de ces vastes territoires dont nous ne tirons aucun profit et de déterminer sur des bases certaines les directions les plus favorables à l'établissement du chemin de fer transaharien.

Au point de vue politique et militaire l'introduction de l'automobile au Sahara aurait des conséquences importantes que laisse pressentir le grand rôle joué par ce mode de transport dans les opérations de la guerre actuelle. Le déplacement rapide de quelques centaines d'hommes, accompagnés de mitrailleuses, permettrait d'étouffer dans l'œuf toute tentative de soulèvement sur quelque point qu'elle se produise. On pourrait songer alors à réduire les effectifs militaires relativement élevés que l'on entretient encore dans certains postes du Sud et qui entraînent chaque année des dépenses variant de 5 à 6.000.000 fr. Une grande partie de cette importante subvention se trouverait ainsi économisée et pourrait, dès lors, devenir disponible pour gager des emprunts destinés à l'exécution de travaux productifs, comme ceux des voies ferrées. A tous ces points de vue l'organisation de pistes pour automobiles nous paraît être le complément indispensable des chemins de fer dans le Sahara.

Aménagements hydrauliques et agricoles. — Sur les 220 millions d'hectares en chiffres ronds que comportent les Territoires du Sud, 100.000 seulement environ sont consacrés à la culture ; sur le reste, en dehors des zones stériles, chotts, erg, hamada, etc., impropres à la vie, 20.000.000 d'hectares servent de terrain de parcours aux troupeaux des nomades. Les bonnes terres n'y manquent pas, mais l'eau qui seule permettrait de les vivifier y fait trop souvent défaut. Cette région du globe est en effet l'une de celles où les pluies tombent avec le plus de parcimonie. De juin à octobre, il ne tombe généralement pas d'eau ; pendant les trois mois d'hiver, il arrive parfois que des pluies abondantes de courte durée versent sur le sol de grandes masses liquides qui transforment momentanément les lits desséchés des oueds en véritables torrents, mais en moyenne la quantité d'eau qui tombe au cours d'une année ne dépasse guère 340 millimètres dans les régions les plus favorisées (montagne des ksours) pour se tenir le plus souvent aux environs de 180 millimètres dans les parties voisines de l'Algérie du Nord et descendre à 20 millimètres dans les oasis sahariennes. Malheureusement ces quantités si insuffisantes et si précieuses ne peuvent être que difficilement recueillies et utilisées comme il conviendrait par suite de l'évaporation rapide que provoque la sécheresse de l'atmosphère.

Ces contrées déshéritées sembleraient donc vouées à une perpétuelle médiocrité, si la nature prévoyante n'avait constitué à l'abri des rayons solaires d'énormes réservoirs d'eau souterraine et jaillissante que la sonde artésienne a fini par découvrir et dont elle a fait surgir au jour des ruisseaux et parfois même de véritables petites rivières qui s'en vont maintenant fertiliser des surfaces rapidement grandissantes.

Le Territoire de Touggourt leur doit sa prospérité. C'est ainsi que l'Oued Rhir qui, à l'époque de la conquête, ne comptait guère plus de 200 puits à faible profondeur, en possède aujourd'hui plus de 800, amenant au sol, non seulement l'eau des nappes superficielles, mais encore celle des nappes profondes comprises entre 80 et 150 mètres et donnant un débit moyen total d'environ 400.000 litres à la minute comparable au huitième du débit moyen de la Seine. Les Ziban, à leur tour, viennent puiser dans le réservoir souterrain et possèdent actuellement dans la belle oasis de Tolga deux des puits les plus puissants qui existent débitant chacun environ 12.000 litres à la minute.

Jusqu'à présent, on n'a pu recueillir que des données incertaines sur l'étendue, la configuration, le nombre, la puissance et le cours de ces rivières ou de ces nappes souterraines. Grâce à la présence des deux voies ferrées de Touggourt et de Tolga, il devient maintenant plus facile d'installer des appareils puissants de sondage, de multiplier le nombre des ateliers de recherches, de fouiller le sol, non plus, jusqu'à 100 ou 200 mètres, mais jusqu'à 7 ou 800 mètres, et l'on peut espérer ainsi, par une organisation méthodique des sondages, arriver à déterminer d'une façon beaucoup plus nette que précédemment le régime des diverses nappes de façon à en utiliser le débit sur des surfaces de plus en plus grandes et convenablement appropriées. Nous ne voyons pas, par exemple, pourquoi on n'arriverait, comme les Américains au Texas, à arroser par des puits régulièrement disposés et exécutés économiquement en série, de vastes plaines d'excellentes terres comme il en existe beaucoup dans la région des Ziban, où l'on pourrait, semble-t-il, cultiver avec avantage non seulement le blé, mais peut-être aussi le coton ou d'autres plantes riches des pays chauds.

A côté des eaux souterraines, le Territoire de Touggourt renferme encore des ressources sensibles en eaux de surface, descendant des montagnes de l'Aurès et du Zab, et qu'au moyen de barrages ou d'aménagements de sources, il est possible de capter à leur débouché dans la plaine pour les distribuer ensuite sur de grandes étendues tout à fait aptes à la culture, qui n'attendent que l'eau et le travail des habitants pour donner d'abondantes récoltes.

Il ne suffira pas d'ailleurs d'extraire l'eau des profondeurs de la terre ou de la recueillir au pied des montagnes et de la reporter ensuite, comme le font les indigènes, dans de grossières séguias en terre, où s'en perd la plus grande partie avant d'arriver au sol à arroser ; il sera indispensable de recourir à des canalisations étanches en maçonnerie comme on a commencé à le faire dans la région des Ziban, à Mlili et à Tolga, et, comme bien avant nous, dans le même territoire l'avaient également fait les

Romains, qui ont laissé partout des traces de leurs travaux hydrauliques.

Dans le Territoire des Oasis, en particulier à Ouargla et au Tidikelt, par suite de la rareté des pluies, l'irrigation par les eaux souterraines, ascendantes ou jaillissantes, est à peu près la seule possible. Le forage des puits artésiens nouveaux devra donc être poursuivi ; mais les travaux de ce genre ne sauraient être entrepris sans précautions, car souvent le jaillissement des nouveaux puits ne se produit qu'au détriment des anciens. Chaque nappe n'a qu'un débit déterminé qui ne peut être dépassé. A Ouargla ce débit est atteint pour la nappe qui arrose l'oasis et dont la profondeur est comprise entre 70 et 80 mètres. On ne peut donc que se borner à assurer l'activité des puits existants au moyen de curages périodiques. Pour les nouvelles plantations, il sera nécessaire de rechercher des eaux plus profondes, en faisant usage d'appareils de sondage plus puissants que ceux dont on a fait usage jusqu'à présent. Ce problème commence à se poser pour un certain nombre d'oasis sahariennes.

Le Territoire d'Aïn-Sefra par sa sécheresse ne convient qu'imparfaitement à la culture, c'est d'ailleurs surtout une région d'élevage, et le nomade redoute la culture qui empiète sur son domaine en lui enlevant ses meilleurs pâturages. Il faut réagir contre ces tendances. L'appauvrissement de ces contrées provient en partie de la sécheresse du pays, mais aussi du déboisement des parties montagneuses et de la dévastation causée par les nomades.

Sur les Hauts-Plateaux ou dans les montagnes, l'eau nécessaire aux irrigations est fournie, soit par les pluies et recueillie dans des redirs, soit par des sources dont quelques-unes ont des débits assez importants, soit par des oueds qui ne coulent à ciel ouvert que par intervalles, mais présentent toujours un écoulement à travers leur lit de sable ou de gravier. On peut également utiliser une partie des eaux de crue, parfois trop abondantes et très irrégulières en les retenant au moyen de barrages ; ce système demanderait à être généralisé.

Dans le sud du territoire, on utilise pour l'irrigation, soit les puits ordinaires à bascule en usage dans les ksours de la Saoura et manœuvrés à bras, soit les foggaras que l'on rencontre au Gourara et au Touat. Une foggara se compose de puits espacés de 4 à 5 mètres, reliés par des canaux souterrains, creusés dans le grès tendre ; quelques puits, vers la tête de la canalisation, recueillent de véritables sources souvent abondantes ; d'autres sont alimentés par des suintements provenant des parois ; le plus grand nombre, surtout à la partie inférieure, servent simplement de regards destinés à permettre les réparations. Les foggaras s'ensablent facilement et exigent, par conséquent, un travail d'entretien constant. Beaucoup d'entre elles auraient besoin d'être revivifiées.

Dans l'ensemble du territoire, les recherches artésiennes n'ont pas donné de résultats satisfaisants ; peut-être n'ont-elles pas été poussées à une profondeur suffisante, la difficulté des transports interdisant l'emploi d'appareils puissants. Il serait à désirer que des travaux de ce genre fussent repris.

Le Territoire de Ghardaïa, pays d'élevage également, se trouve dans des conditions analogues.

Au nord, dans le cercle de Djelfa, il sera nécessaire de multiplier les puits ordinaires, les redirs, les abreuvoirs. Les troupeaux, comme la culture, y sont actuellement limités par la trop faible quantité d'eau dont on dispose.

Il conviendra également d'augmenter le nombre des barrages de retenue comme celui qui a été créé sur l'Oued

Djeddi à sa jonction avec l'Oued Messad. Le redir ainsi formé une fois rempli est suffisant pour alimenter les campements de la région pendant environ six mois.

Au sud, la région des dayas ne possède pas de points d'eau permanents ; elle est alimentée par 6 citernes de 800 mètres cubes de capacité, par deux redirs de 2.000 mètres cubes et par le groupe de puits d'El Khoua. Ces 9 points d'eau sont trop éloignés les uns des autres. Il y aura lieu de créer d'autres aménagements.

Le Mzab n'utilise que des puits à bascule.

Dans tout ce territoire, comme dans celui d'Aïn-Sefra, la recherche d'eaux artésiennes à grande profondeur présente un grand intérêt.

Champs d'expérience. — Modes de cultures. — A côté du problème de l'irrigation dont l'importance est capitale, s'en pose un autre également intéressant pour l'avenir des Territoires du Sud, celui de la meilleure utilisation du sol, que l'on envisage, soit le mode, soit la nature des cultures à entreprendre.

Le système de culture des indigènes est encore partout extrêmement arriéré. Moins indolents, ils pourraient en bien des points de leurs terrains de parcours trouver des surfaces susceptibles de donner des rendements satisfaisants en céréales, mais il faudrait d'abord qu'ils consentissent à remplacer la trop rudimentaire charrue arabe par la charrue française de façon que les sillons soient assez profonds pour préparer un bon réservoir aux eaux de pluie et permettre aux racines de se développer en profondeur.

Les Européens eux-mêmes établis dans divers centres des Hauts-Plateaux pourraient également développer leurs cultures et suivre l'exemple des colons de Saïda, Aïn-el-Hadjar et Bou-Rached. Il y a quarante et même trente ans, les environs de ces localités n'étaient pas plus ensemencés que ne le sont aujourd'hui ceux de Géryville ou d'Aïn-Sefra ; le climat est sensiblement le même dans toute la région et la quantité d'eau n'est guère plus considérable à Saïda que dans la partie montagneuse du reste du territoire. On y est pourtant arrivé à des résultats satisfaisants qu'avec un peu de constance il serait sans doute également possible d'obtenir ailleurs.

Il serait également à désirer que les agriculteurs consacrent plus d'efforts à la constitution de prairies artificielles, dont la superficie est encore trop peu importante.

Dans quelques postes du Sud, on a introduit la culture du chloris gayena, plante fourragère originaire des régions désertiques de l'Afrique, qui a donné de très bons résultats en Australie dans une contrée présentant de grandes analogies avec le Sud Algérien. Cette plante qui fournit un excellent fourrage consomme moins d'eau que la luzerne. Elle paraît convenir aux terrains légers et sablonneux suffisamment irrigués. Ces essais devront être continués sur de plus grandes étendues.

Ailleurs, on s'est efforcé dans les pépinières communales, véritables jardins d'essais, d'améliorer par greffages les diverses espèces d'arbres fruitiers. C'est ainsi qu'à Méchéria, malgré la pauvreté du sol et la pénurie d'eau, on est arrivé à créer depuis plusieurs années une olivette qui présente le meilleur aspect.

En même temps, les semis d'arbres fruitiers et les essences forestières ont reçu une grande extension afin d'augmenter le nombre de sujets pouvant être employés au reboisement sur divers points du Cercle.

Des essais analogues peuvent être développés à Djelfa et Beni-Ounif.

Sur les Hauts-Plateaux, la quantité d'eau de pluie reçue

varie de 100 à 340 millimères alors que pour des cultures annuelles, une moyenne de 400 à 500 millimètres serait indispensable. En outre, la distribution de ces pluies est assez irrégulière. Elles tombent rarement à l'époque où elles seraient utiles. Il faut donc conserver l'eau quand elle tombe, de façon à pouvoir l'utiliser plus tard au moment favorable et, même, si cela est nécessaire, faire profiter une récolte de l'eau tombée pendant deux années consécutives. Le succès dépend donc bien plus de la réserve d'eau qui a été maintenue dans le sol que de celle qui tombe. Pour arriver à constituer cette réserve, il convient, suivant les pays, d'exécuter une saison ou même une année avant les semailles des labours préparatoires suffisamment profonds pour absorber convenablement l'eau, et aménagés en même temps de manière à préserver l'eau ainsi emmagasinée, de l'évaporation toujours très considérable dans le Sud. L'ensemble de ces méthodes connues sous le nom de *dry farming* a reçu depuis longtemps des applications dans les pays secs, y compris l'Algérie, mais a surtout été étudié dans les grandes étendues arides du continent australien ou du far-west américain, où ce système a donné des résultats entièrement satisfaisants. Il serait également très intéressants de le mettre à l'essai sur nos Hauts-Plateaux du Sud ; mais, colons et indigènes sont trop timorés et surtout trop pauvres pour se lancer sans appui dans de semblables entreprises. Ce ne peut-être que l'œuvre de l'Administration qui aura à créer, en vue d'expériences suivies, des exploitations d'une certaine importance.

A côté de celles-ci, des laboratoires sont nécessaires pour l'analyse des terrains, l'examen des engrais à employer dans les divers cas, l'étude des maladies qui s'attaquent aux productions sahariennes, à la datte en particulier.

Enfin le moment paraît venu d'examiner si l'on ne pourrait pas introduire au Sahara sur les immenses espaces dont on dispose des cultures nouvelles, appropriées au sol et au climat, telles que celle du cotonnier.

L'estimation de la production mondiale en 1912 est de 5.000.000 de tonnes, dont :

Amérique	3.200 000	tonnes
Asie...............	1.200.000	—
Afrique	600.000	—

Les grands pays producteurs sont les États-Unis et les Indes anglaises. L'Afrique, bien que se trouvant en totalité dans la zone favorable à la culture du coton, n'a qu'une production relativement faible, provenant surtout de l'Égypte.

L'Angleterre en effet a favorisé avec une grande énergie la culture de cet arbuste en Égypte, à tel point que l'on peut dire que le coton en est maintenant la principale culture et qu'il a fait la fortune du pays.

La production qui croît rapidement est actuellement d'environ........................ .... 550.000 tonnes.

La Russie a également compris l'intérêt de cette production, qui, grâce aux encouragements de l'Etat, a pris un grand développement dans le Turkestan. La récolte annuelle y est actuellement d'environ 190.000 tonnes.

L'Italie et surtout l'Allemagne ont fait des essais analogues dans leurs colonies africaines où la culture du coton n'a cessé de progresser.

Quant à la France, les résultats de ses efforts en Algérie, en Tunisie, au Dahomey, à Madagascar ne sont guère demeurés que théoriques. Il semble cependant que l'on devrait réussir, mais, dans cette entreprise, comme dans beaucoup d'autres, il faut savoir apporter, avec des capitaux, de l'esprit de suite, et une certaine volonté d'aboutir, dont l'Administration, à défaut des particuliers, doit être animée. Au Sahara en particulier où des tentatives ont déjà eu lieu, à Tolga, à Ouargla, à El-Goléa et au Tidikelt, il semble que l'on devrait arriver à des résultats satisfaisants.

Nous ne faisons qu'indiquer tous ces problèmes dont la solution ne peut d'ailleurs être obtenue que progressivement.

La question qui prime toutes les autres et dont nous nous occuperons exclusivement dans la présente étude est celle des chemins de fer qu'après ce coup d'œil d'ensemble sur la situation économique des Territoires du Sud nous allons maintenant aborder dans ses détails.

CHAPITRE II

PROGRAMME D'ENSEMBLE DES NOUVELLES VOIES FERRÉES A ÉTABLIR

Territoire d'Aïn-Sefra

Des quatre territoires, celui d'Aïn-Sefra est celui qui possède la plus grande longueur de voie ferrée, soit 440 kilomètres du Kreïder à Colomb-Béchar. Cette ligne voisine de la frontière marocaine, construite pour les besoins militaires, conserve encore en grande partie le caractère stratégique de ses débuts. Le trafic s'y est peu développé.

La recette kilométrique pendant les 7 dernières années a été la suivante :

1908	4.119 francs.
1909	1 843 —
1910	2.590 —
1911	2.415 —
1912	2.443 —
1913	2.885 —
1914	2.985 —

Après avoir baissé de 1908 à 1911, elle tend à se relever légèrement depuis 3 ans. La moyenne est de 2,900 francs, couvrant à peu près les frais de l'exploitation.

L'exportation du pays consiste surtout en moutons et en alfa, mais une grande partie des moutons gagne le

Tell par caravanes. Stratégique et alfatière, la ligne du Sud-Oranais subit les fluctuations de l'activité militaire et de l'industrie de l'alfa. Or, les transports de l'armée sont nécessairement appelés à se restreindre avec le progrès de la pacification, et quant à l'alfa, son exploitation ne paraît guère susceptible de nouveaux développements, au moins dans la zone du chemin de fer, laquelle, en partie épuisée, a besoin d'une longue période de repos. Dans ces conditions la ligne du Sud-Oranais risque de végéter pendant de longues années autour de sa recette moyenne de 2,900 francs et peut être même de décliner au-dessous de ce chiffre, si on ne vient la raviver par des compléments destinés à lui apporter de nouveaux éléments de trafic.

Si l'on considère le tracé du chemin de fer, on constate qu'il se développe à peu près du Nord au Sud jusqu'à Aïn-Sefra avec inclinaison au Sud-Ouest à partir de ce point, traversant dans toute son étendue une zone d'alfa et de pâturages, où la sécheresse rend difficiles les progrès de la colonisation. Les régions qu'il dessert ne sont ni les plus peuplées, ni les plus productives du territoire.

Avant la construction du chemin de fer, la route nationale, qui constituait la voie de pénétration la plus importante vers le Sud, se dirigeait d'Oran sur Géryville et non sur Aïn-Sefra. Au pied des montagnes des ksours, sur le rivage de la mer d'alfa, Géryville est en effet le centre du cercle le plus peuplé du territoire, en même temps que le mieux préparé à une mise en valeur rationnelle grâce à la salubrité de son climat, à la qualité de ses terres, et à la présence d'eaux superficielles dans les vallées.

A 100 kilomètres de la voie ferrée, toute cette région se trouve par son éloignement dans l'impossibilité de développer ses ressources naturelles et en particulier la culture des céréales, laquelle par une application appropriée du système du *dry farming* devrait arriver à donner des résultats satisfaisants.

Le rattachement de Géryville à la ligne du Sud-Oranais par un embranchement d'une longueur de 100 kilomètres environ permettrait non seulement d'améliorer considérablement les conditions du pays, mais encore d'ouvrir à l'exploitation toute la nappe d'alfa située sur le parcours, laissée jusqu'à présent improductive, faute de moyens de communication.

A l'est de la voie Sud-Oranaise, le centre de Géryville est le seul dont l'importance justifie pour le moment la construction d'une voie ferrée.

A l'ouest, le territoire limité par la frontière du Maroc et habité par des nomades ne convient guère qu'à l'élevage et ne présente jusqu'au delà d'Aïn-Sefra aucune agglomération de quelque intérêt économique.

Au delà d'Aïn-Sefra, les conditions changent sensiblement grâce à la présence dans le Sud-Ouest des fertiles vallées qui descendent de l'Atlas marocain et dont les principales sont celles du Guir, de l'Oued Ziz et de l'Oued Draâ.

La plus importante d'entre elles, celle du Ziz se compose essentiellement de deux parties d'un caractère bien différent, d'une part la région haute avec les districts du Ziz, du Guers, du Tialalin et du Kheneg, bien arrosée par des rivières à eau permanente et cultivée en céréales par une population primitive, mais travailleuse, et d'autre part, à une soixantaine de kilomètres plus au Sud, la région basse constituant le Tafilalet avec ses nombreuses palmeraies irriguées par les eaux de crue. Ces deux groupes, d'une égale importance en population, se complètent l'un l'autre : au Nord, plaine cultivable avec champs labourés et prairies dans lesquelles sont parqués de nombreux troupeaux de bestiaux ; l'orge, le blé, le maïs et les céréales y poussent en abondance ; au Sud, plantations de palmiers donnant, grâce à la fertilité du sol, de belles récoltes de dattes ; entre les deux groupes, échanges constants de productions, effectués par les tribus nomades qui rayonnent autour du Tafilalet.

La population de tout cet ensemble, sédentaires habitant des ksours serrés les uns contre les autres, ou nomades vivant sous la tente, peut être évaluée d'une façon très sommaire à un minimum d'environ 50,000 habitants, qui, de longue date, entretiennent des relations commerciales avec leurs voisins : les gens de l'Atlas ou les tribus du Sahara et du Cercle de Colomb. Aussi leurs marchés sont-ils très fréquentés. Bien que ce pays dépende politiquement du Maroc, la barrière de l'Atlas qui l'en sépare le rend dans une certaine mesure tributaire au point de vue économique du territoire d'Aïn-Sefra vers lequel se dirigent toutes ses vallées.

Il semble vraisemblable qu'un jour ou l'autre une voie ferrée desservira toutes ces agglomérations du Ziz, facilitant les échanges de groupe à groupe et il serait naturel que suivant le sens habituel des courants commerciaux, du Sud au Nord, ce chemin de fer fût constitué par un prolongement de la voie qui un jour ou l'autre ne manquera certainement pas de remonter la vallée de la Moulouya. Mais la haute muraille de l'Atlas peut être un obstacle à la prompte réalisation de semblable projet ; et, en attendant, il semble que cette intéressante région devrait chercher ses débouchés, soit vers l'Atlantique, qui en est situé à 550 kilomètres environ, soit encore vers la ligne du Sud-Oranais qui n'en est éloignée que de 200 kilomètres. En vue de cette dernière hypothèse, la seule dont nous ayons à nous occuper, on a déjà étudié un prolongement d'une vingtaine de kilomètres de Colomb-Béchar à Kenadsa, qui devrait être ultérieurement poussé jusqu'à Méridja, au kilomètre 78, à la limite des territoires algérien et marocain, pour être continué jusqu'au Tafilalet par les soins du Maroc. Ce tracé laisse quelque peu en dehors de son parcours une importante région minéralisée qui a été reconnue aux environs de Bou Anane, ainsi que dans le massif du Daït, et pourrait fournir un sensible supplément de trafic. Cette région ne pourrait être atteinte que par des embranchements, à moins que l'on ne préférât une voie plus directe partant de Ben Zireg et se dirigeant par Talzaza sur Bou Anane, Bou Denib et le Ziz, desservant à la fois les gîtes miniers et les hautes vallées cultivées.

Nous ne possédons pas actuellement sur les régions à desservir en territoire marocain des renseignements suffisamment détaillés pour émettre une opinion utile sur le tracé le plus avantageux. D'ailleurs, quelle que doive être la solution adoptée, il semble que celle-ci ne pourra être arrêtée définitivement que lorsque l'on sera fixé sur le programme d'ensemble des voies ferrées destinées à desservir le versant saharien de l'Atlas marocain depuis l'Atlantique et Agadir jusqu'à la ligne du Sud-Oranais. De toutes façons, le raccordement du réseau algérien avec les chemins de fer marocains devra nécessairement faire l'objet d'une entente entre les deux Administrations intéressées.

Une autre question qu'il serait désirable de résoudre le plus tôt possible, est celle de la largeur des voies à établir en Sahara marocain. La ligne Sud-Oranaise est à écartement de $1^{m}055$. Au point de vue algérien, il y aurait évidemment avantage à ce qu'on adoptât le même écartement pour le futur chemin de fer du Tafilalet et pour ceux qui, desservant le pied de l'Atlas, aboutiront sur l'Atlantique. Cela permettrait des raccordements faciles avec la ligne oranaise. La question mériterait d'ailleurs d'être envisagée à un point de vue plus général. Si l'on doit construire des chemins de fer à voie étroite, au Maroc, il y aurait intérêt à ce qu'ils fussent du type de 1m 055 en usage dans la colonie voisine. Il conviendrait qu'un accord à ce sujet s'établit le plus rapidement possible.

En attendant, nous n'avons pas qualité pour entreprendre ici une étude détaillée de ces lignes de raccordement. Les éléments pour le faire avec quelque utilité nous manqueraient d'ailleurs. Nous ne pouvons que nous borner à l'examen des lignes purement algériennes.

Dans le territoire d'Aïn-Sefra, la ligne de Bouktoub à Géryville est donc la seule que nous ayons à retenir pour le moment.

Territoire de Ghardaïa

Le Sud du département d'Alger est beaucoup moins bien desservi que les deux territoires voisins de Touggourt et d'Aïn-Sefra. La voie de pénétration n'y atteint pas encore Djelfa. Pourtant, d'après l'exposé qui précède, sa valeur économique est comparable à celle de ses voisins. C'est ce que permet de constater l'examen de la recette kilométrique des diverses sections de la ligne sud-algéroise. La section Blida-Berrouaghia qui, il est vrai, est une ligne du Tell, a dépassé dans ces dernières années le chiffre de.. .... 12.000 fr. par kilomètre. La section de Berrouaghia-Boghari qui la prolonge et qui n'a été ouverte à l'exploitation que tout récemment a fourni pour 1913, première année de mise en service, une recette kilométrique de 6.409 fr., chiffre très satisfaisant qui indique que la continuation de la ligne dans le Sud répond à de véritables besoins.

Nous avons d'ailleurs vu précédemment que les ressources de cette région ne se composent pas seulement de troupeaux aussi importants que ceux d'Aïn-Sefra, mais encore de produits végétaux et minéraux : bois, alfa, sel, laissés encore en grande partie inexploités faute de moyens de transport. En outre, l'agglomération populeuse et industrieuse des sept villes du M'zab constitue, par la richesse de ses habitants, acquise dans le commerce du Tell, un centre d'importations en même temps qu'un foyer d'industries familiales, dont le chemin de fer, en y amenant le tourisme, doublerait la valeur économique.

Nous estimons, en conséquence, que le moment est venu de comprendre dans le programme des voies nouvelles à construire, le prolongement de la ligne actuelle jusqu'à Laghouat d'abord, et Ghardaïa ensuite.

Territoire de Touggourt

Dans ces dernières années, le Territoire de Touggourt a été l'objet d'un remarquable développement dont nous trouvons l'indice dans la progression continue des recettes kilométriques de la section Batna-Biskra, savoir :

1908....	5.890 »	moyenne : 6.355 fr.
1909....	6.490 »	
1910....	6.686 »	
1911....	8.178 »	moyenne : 8.481 fr.
1912....	8.691 »	
1913	8.576 »	

Ici, sauf un fléchissement insignifiant en 1913, les recettes sont allées en croissant d'une façon continue avec un bond de plus de 2.000 francs par kilomètre entre la période 1911-1913 et la période précédente.

Pour la ligne de Biskra à Touggourt, on n'a encore que

l'expérience d'une seule année d'exploitation qui s'est développée tout entière dans les conditions les plus défavorables en pleine guerre, avec un personnel et un matériel insuffisants. Malgré cela, et bien que l'on ait manqué totalement de plusieurs sources de trafic, et en particulier de l'important élément des touristes et du mouvement d'affaires généralement consécutif à l'établissement d'une voie en pays neuf, la recette kilométrique a atteint le chiffre très satisfaisant de.... 2.890 francs.

Il semble qu'en des conditions normales, le rendement de cette ligne pourra arriver assez rapidement à 5.000 fr., sinon davantage.

L'essor de cette région n'est pas dû à la présence de troupes comme dans le Sud-Oranais, mais au progrès du tourisme et de la colonisation que la construction récente des nouvelles lignes est destinée à accélérer dès que la paix aura ramené dans ce pays favorisé le courant fécond des hiverneurs, des commerçants et des agriculteurs. Par ses ressources naturelles en eaux superficielles captées au pied des montagnes, ou souterraines extraites du sol ; par l'importance et la qualité d'une production de luxe, unique au monde ; par le pittoresque de ses oasis chaque jour grandissantes ; par la poésie de ses étranges paysages, et l'agrément de son ciel hivernal, cette région si particulière nous paraît être l'une de celles qui récompenseront le mieux les efforts consacrés à la rendre accessible et à la faire connaître. Nous ne pensons pas que, dans ce but, il convienne de s'en tenir aux deux lignes de Touggourt et de Tolga avec prolongement éventuel sur les Ouled Djellal. Il faut encore aller à Ouargla, le centre le plus important, le plus peuplé et le plus productif du Territoire des Oasis ; il faut atteindre le Souf par une ligne de Djamaâ à El Oued ou plutôt à Guemar, laquelle devra elle-même être continuée ultérieurement par un raccordement avec la ligne tunisienne de Tozeur à travers toute la série des palmeraies en voie de formation, destinées à former un jour un jardin continu entre le Souf et le Djerid.

L'agencement de ce réseau sud-constantinois permet d'organiser pour le tourisme deux grands cycles qui ne manqueront pas d'être fréquentés par les nombreux admirateurs de paysages sahariens, le cycle Alger, Laghouat, Ghardaïa, Ouargla, Touggourt, Biskra avec la lacune Ghardaïa-Ouargla qui se trouve dès maintenant comblée par une piste très satisfaisante pour automobiles et le cycle non moins pittoresque : Biskra, Djamaâ, Guemar, Tozeur, Tunis. Les touristes ont horreur des impasses. Il leur faut des voyages circulaires, qui leur évitent des pertes de temps en même temps que l'ennui d'admirer deux fois de suite les mêmes sites. Notre programme répond à ces préférences.

Territoire des Oasis

Le Territoire des Oasis se trouve, par son éloignement, le plus déshérité. Il n'est atteint actuellement par aucune voie ferrée, et pourtant, comme nous l'avons constaté dans notre exposé d'ensemble, ses ressources, si elles sont faibles, ne sont point négligeables ; malheureusement, dans un pays aussi isolé, bloqué en quelque sorte, la production ne peut guère prendre d'essor ; de plus, en ce qui concerne les dattes tout au moins, et peut être bientôt le coton, que l'on a commencé à cultiver dans certaines oasis, la valeur de cette production se trouve sensiblement dépréciée par la difficulté des échanges. L'amélioration du régime des communications avec l'Algérie aurait certainement le double effet d'accroître notablement la quantité en même temps que la valeur commerciale des produits du pays. Pour le moment, nous estimons, comme nous l'avons indiqué dans le paragraphe consacré au Territoire de Touggourt, qu'un très grand progrès sera réalisé le jour où la voie ferrée atteindra Ouargla qui constitue actuellement l'agglomération la plus importante en même temps que le centre administratif des Oasis Sahariennes. Ce sera une première étape, mais il ne faut pas se borner là, et, sans plus tarder, envisager dès maintenant la liaison avec le Nord de l'ensemble de nos possessions sahariennes et en particulier du Tidikelt, d'In Salah et plus au Sud, du Hoggar, non seulement par le télégraphe et la T. S. F. mais encore au moyen de pistes convenablement aménagées et jalonnées de bordjs, susceptibles d'assurer des communications rapides par automobiles.

Sans doute, un jour ou l'autre, le chemin de fer viendra à son tour apporter de nouveaux progrès en traversant le Sahara dans toute son épaisseur. Nous n'avons pas à examiner ici les controverses que soulève la solution de ce grand problème ; mais nous pensons qu'un pas sensible sera fait vers sa réalisation pratique lorsqu'il sera possible de se rendre en automobile d'Alger au Hoggar et au Soudan.

En résumé, si nous laissons de côté les lignes de raccordement avec les réseaux marocain et tunisien, ligne du Tafilalet d'un côté, ligne de Guémar à Tozeur de l'autre, dont les projets ne pourront être utilement envisagés que lorsqu'une entente à ce sujet aura été réalisée entre l'Algérie et les deux protectorats voisins, nous constatons que, pour arriver à l'aménagement progressif et méthodique des Territoires du Sud, il y a lieu de poursuivre un programme de constructions nouvelles comprenant les lignes suivantes :

Territoire d'Aïn-Sefra :

Bouktoub-Géryville .... 100 kilomètres.

Territoire de Ghardaïa :

Djelfa à Laghouat .... 110 kilomètres.
Laghouat à Ghardaïa .... 190 —

Territoire de Touggourt :

Tolga-Ouled Djellal.......... 56 kilomètres.
Djamaâ-Guémar............. 93 —

Territoire des Oasis :

Touggourt-Ouargla........... 167 kilomètres.

Au total......... 716 kilomètres de voies nouvelles.

Après avoir examiné séparément chacune de ces lignes, nous déterminerons ensuite leur ordre d'urgence ainsi que les moyens financiers à prévoir pour leur exécution.

CHAPITRE III

VUE D'ENSEMBLE SUR LES CONDITIONS TECHNIQUES ET ÉCONOMIQUES D'ÉTABLISSEMENT DES NOUVELLES LIGNES

Largeur de la voie

On rencontre sur les lignes algériennes la voie normale de $1^m 44$, la voie étroite de $1^m 055$ dans les départements d'Alger et d'Oran et enfin celle de 1 mètre dans le département de Constantine, comme en Tunisie. Toutes les voies construites ou en construction dans les Territoires du Sud sont des voies étroites dont l'écartement, $1^m 055$ ou 1 mètre, concorde avec celui des lignes correspondantes du Nord. Il n'y a donc plus lieu de discuter cette question de largeur de la voie sur laquelle on a déjà beaucoup disserté dans le passé.

Dans les Territoires d'Aïn-Sefra et de Ghardaïa où les lignes de pénétration existantes sont à voie de $1^m 055$, il conviendra nécessairement de recourir au même écartement pour les prolongements ou embranchements futurs.

Dans le Territoire de Touggourt au contraire, l'écartement de 1 mètre qui est celui des lignes actuelles de l'Oued-Rhir et des Ziban s'impose aussi bien pour les extensions projetées que pour le raccordement envisagé avec la Tunisie, puisque la Régence a également adopté la voie de 1 mètre pour ses lignes du Sud.

Faisons remarquer en passant que l'écartement de 1 mètre est aussi celui du réseau de l'Afrique Occidentale Française.

On aurait pu évidemment pour tous ces chemins de fer adopter l'écartement de 1m 44 et beaucoup de personnes ne se consolent pas qu'on ne se soit pas arrêté à ce parti. C'eût été en effet parfait, nous ne pouvons le nier ; mais en même temps, cela eût coûté beaucoup plus cher, à la fois comme construction et comme exploitation et il est probable que dès lors une bonne partie de ces lignes, qui répandent actuellement la prospérité dans les pays qu'elles traversent ne seraient encore qu'à l'état de projet. D'ailleurs, en dehors de la question du transbordement sur laquelle nous nous expliquerons plus loin, les deux reproches que l'on adresse le plus généralement à la voie étroite, manque de vitesse et manque de confortable, ne concernent uniquement que le trafic des voyageurs et plus spécialement encore celui des touristes et des voyageurs de 1re classe. Or jusqu'à présent ce trafic a été des plus restreints dans les Territoires du Sud. Ces reproches ont du reste beaucoup perdu de leur valeur depuis les progrès réalisés ces dernières années dans la traction des trains et la fabrication des voitures. Actuellement sur les lignes à voie étroite de la Tunisie, du Soudan Egyptien et de l'Afrique du Sud on dispose de voitures à voyageurs présentant à peu près les mêmes dimensions que les voitures de la voie large et ayant le même confortable. Quant à la vitesse, on est arrivé àréaliser une moyenne de 60 kilomètres à l'heure, ce qui doit être considéré comme extrêmement satisfaisant. Quoi qu'il en soit, il n'y a plus à revenir en arrière ; il faut prendre son parti de la voie étroite pour le Sud, et l'utiliser pour le mieux.

Lignes

Les principaux éléments qui déterminent les conditions techniques d'établissement d'une ligne sont : *la force du rail; l'écartement moyen et le poids des traverses; la nature et la qualité du ballast; le tracé et le profil.* Les trois premiers facteurs limitent la *puissance des machines* appelées à circuler sur la ligne ; les deux derniers influent sur la *résistance des convois* à remorquer. De leur ensemble dépend la *charge des trains*.

Pour les lignes à faible trafic, telles que celles dont nous nous occupons, on a adopté le rail de 25 kilos. Dans la plupart des cas, il y aura intérêt, comme on l'a fait pour la ligne de Touggourt, à utiliser les rails usagés des réseaux du Nord, dont le poids généralement compris entre 20 et 30 kilos, devenu insuffisant pour le trafic actuel conviendrait cependant parfaitement pour la circulation des trains à faible charge des réseaux du Sud.

L'écartement des traverses varie en Algérie de 0^{m} 70 à 1 mètre suivant les lignes ; il peut être réduit dans les parties faibles du tracé, telles que les courbes ou le pied des fortes rampes. On peut renforcer une ligne soit par l'adoption d'un rail plus pesant, soit par l'augmentation du nombre des traverses ; on à souvent recours au second procédé par raison d'économie. Le rapprochement des traverses s'impose généralement lorsque le ballast est en quantité insuffisante ou de qualité douteuse.

Les traverses sont en bois ou en métal. Les premières coûtent moins cher ; elles sont plus élastiques ; donnent un roulement plus doux et fatiguent moins le matériel, mais il est nécessaire de les renouveler assez fréquemment. Leur durée est en effet de 10 à 20 ans suivant les essences et les procédés de conservation employés ;

les traverses métalliques sont plus coûteuses, mais d'un entretien plus facile et moins onéreux. Elles sont en général plus légères. En Algérie, il y a intérêt à utiliser pour la confection des traverses les essences des forêts du pays : cèdre, chêne-zeen, et même pin d'alep ou eucalyptus que l'on devrait essayer ; il faut en effet que la Colonie arrive à tirer parti de ses ressources naturelles.

Pour la construction rapide des lignes, il est important de pouvoir s'approvisionner de ballast sur place. On remarquera en effet que, pour un mètre courant de tracé, le poids du matériel de voie (rails, traverses et petit matériel) ne dépasse pas, pour les voies étroites, 150 kilogs environ, alors que le poids du ballast correspondant s'élève souvent à plus de 1,800 kilogs. Le ballast à mettre en place pèse donc au moins douze fois plus que la voie proprement dite, et, lorsqu'il ne se trouve pas à pied d'œuvre, exige la mise en marche de douze fois plus de trains qu'il n'en faut pour la pose de voie. A la vérité, le trajet de ces trains est beaucoup plus court que celui des trains de matériel qui ont à faire tout le parcours depuis l'origine, néanmoins leur nombre apporte une gêne considérable à la circulation, et peut dès lors causer des ralentissements très préjudiciables aux travaux. Pour remédier à cet inconvénient qui entravait la rapidité de leurs constructions, les Américains, dans les débuts, avaient réduit dans de fortes proportions la garniture en ballast ou se contentaient de ballast défectueux, quitte à placer sous les rails beaucoup plus de traverses qu'on n'a l'habitude d'en employer en Europe, afin d'augmenter ainsi la surface d'appui sur un sol moins résistant que celui fourni par un bon ballast. Maintenant, ils améliorent leurs voies en revenant au ballast. Ce procédé très pratique dans les pays neufs nous paraît recommandable pour l'Algérie.

Les lignes du Sud sont en général beaucoup plus faciles à établir que celles du Nord, le pays étant moins accidenté. Aussi les caractéristiques du tracé et du profil pourront-elles être contenues dans des limites modérées, inférieures à celles admises pour le Nord. C'est ainsi que l'on pourra fixer le rayon minimum de courbure à 300 mètres (exceptionnellement 200 sur certains points particuliers) et la rampe maxima à 15 millimètres (exceptionnellement 25).

L'exploitation, la marche et la charge des trains ne donnent lieu à aucune remarque particulière, car le nombre d'ailleurs assez restreint des convois obligatoirement imposés pour les besoins du public, sera généralement suffisant pour répondre aux nécessités du trafic-marchandises, même pendant les périodes chargées.

En ce qui concerne les machines, il convient cependant de faire observer que, par suite de la rareté de l'eau et de l'espacement des alimentations, on sera parfois amené à préférer les machines à tenders séparés aux machines munies de leurs caisses à eau ; ces dernières exigeant des remplissages trop fréquents. Le moment approche d'ailleurs où il sera possible de substituer aux locomotives à vapeur, des machines actionnées par des moteurs à pétrole ou à huiles lourdes supprimant tous les inconvénients de l'emploi de l'eau.

Réseaux

Dans un pays neuf, les premières lignes construites sont en général des *lignes stratégiques*, nécessitées par les besoins de la défense et utilisées pour les premiers essais de la colonisation. Viennent ensuite les *lignes de pénétration*, destinées à relier aux ports les plus rapprochés, les régions de l'intérieur que la fertilité des terres ou la richesse du sous-sol ont signalées à l'attention et aux efforts des occupants. Le pays n'étant encore qu'imparfaitement connu, ces lignes sont le plus souvent poussées aux hasards des nécessités du moment, sans plan d'ensemble, isolées les unes des autres, tracées suivant des idées différentes, quelquefois avec des écartements de rails dissemblables. Toutes ces lignes sont à voie unique. Lorsque, dans l'une des directions desservies, vient à se manifester un important courant d'échanges, plutôt que de doubler la voie, on préfère en général, soit sur la totalité, soit sur une partie du parcours, recourir à une *ligne de dérivation*, permettant à la fois d'alimenter de frêt un autre port et de faciliter la mise en valeur d'une nouvelle contrée ouverte à la colonisation ; c'est ce qui s'est passé en particulier en Tunisie, où deux lignes desservent les importants gisements de phosphates du sud-ouest de la Régence. Enfin, au fur et à mesure que le pays se développe et que le trafic augmente, on se trouve conduit à établir entre les diverses voies de pénétration des *lignes de jonction* se raccordant avec ou sans transbordement suivant les cas, et présentent en dehors de leur utilité propre l'avantage d'activer les transactions entre les divers points de la colonie, et, si la largeur de voie est uniforme, de rendre plus commodes et plus rapides les opérations de répartition du matériel roulant. C'est ainsi, lorsqu'aucun plan d'ensemble n'a présidé à leur exécution, que petit à petit se constituent des *réseaux* plus ou moins enchevêtrés les uns dans les autres et dont les défauts n'apparaissent qu'à la longue, au fur et à mesure que le développement du trafic rend plus sensible le manque d'homogénéïté des lignes et de leurs administrations. En comprimant les échanges, un semblable régime risque d'entraver le libre essor de la production. Il devient dès lors nécessaire de procéder à la réorganisation des réseaux sur des bases plus uniformes. L'Algérie a connu cette période dont elle n'est pas encore sortie.

La bonne constitution d'un réseau dépend d'un certain nombre de facteurs qui peuvent se rattacher à trois ordres d'idées : sa *capacité*, qui doit être assez élastique pour se prêter aux accroissements périodiques et éventuels du trafic ; son *homogénéité*, qui, d'après le nombre de transbordements à effectuer, permettra plus ou moins facilement l'écoulement des marchandises et la répartition du matériel ; enfin, son *indépendance* grâce à laquelle il pourra accéder à la mer par ses propres moyens, sans recourir au transit sur des lignes étrangères, lequel tout autant qu'un transbordement serait une cause de ralentissement dans la circulation, de majoration de frais de transport et de retard dans la livraison des marchandises.

Capacité des réseaux. — La puissance de trafic d'un réseau dépend de la charge et du nombre des trains que l'on peut y faire circuler. La charge est fonction de la solidité et du poids de la voie ainsi que de la force des machines ; quant au nombre de trains susceptibles d'être mis en marche, il résulte sur les voies uniques, de la fréquence et de la longueur des voies d'évitement permettant d'effectuer les croisements. Sur les petites lignes, comme celles du Sud où la densité du trafic ne dépasse guère 100 à 200.000 unités kilométriques, la circulation peut être assurée au moyen de deux à trois trains journaliers au maximum dans les périodes les plus chargées ; il n'y a pas lieu de se préoccuper de la capacité du chemin de fer, qui est toujours largement suffisante. Il n'en est plus de même lorsque le trafic vient à atteindre 1 à 2.000.000 de tonnes à distance entière, comme le cas se présente sur les lignes de Gafsa ou de Kalaa-Djerda en Tunisie. Avec la voie étroite et dans l'état actuel des procédés d'exploitation, de semblables fréquentations peuvent être considérées comme la limite du rendement de la voie unique, qu'il n'y a d'ailleurs pas intérêt à dépasser. Avec des tarifs convenables, un frêt aussi considérable est en effet bien supérieur à ce qui est en général nécessaire pour rémunérer le capital d'établissement. Aussi ne voyons-nous pas la nécessité, dans les pays neufs tout au moins, qui ont tant besoin de voies ferrées, de concentrer sur une seule direction cet énorme courant, qui réparti en plusieurs bras permettrait d'alimenter de nouvelles voies ferrées et d'ouvrir aux bienfaits de la civilisation des régions qui végètent faute de moyens de communication. Dans le même ordre d'idées, nous estimons que lorsque la limite de capacité d'une voie unique est atteinte, il n'y a pas intérêt à élargir la plate-forme pour y adapter une nouvelle voie ; la double voie ne convient que pour les pays en pleine civilisation où le réseau est déjà très serré et où la vitesse est un besoin autrement impérieux que dans les colonies. Ici, au contraire, les mailles sont assez lâches pour qu'il ne soit pas nécessaire de placer la deuxième voie à côté de la première, et pour que l'on puisse aisément trouver un autre tracé susceptible de draîner le supplément de trafic que l'on n'avait d'abord pas prévu et de contribuer ainsi à la mise en valeur de terres nouvelles. Les deux lignes, au lieu de n'en constituer qu'une à double voie, seront traitées séparément selon le système de la voie unique au grand profit de toute la contrée desservie.

Homogénéité des réseaux. — L'homogénéité d'un réseau n'est réalisable que s'il se compose de lignes à même écartement, permettant d'éviter les *transbordements* de marchandises aux gares d'embranchement, et facilitant pour l'ensemble du réseau les importantes opérations de *répartition du matériel.*

Le *transbordement* est toujours une gêne ; il convient cependant de ne pas s'en exagérer les inconvénients lorsque les manutentions qu'il entraîne restent contenues dans des limites raisonnables.

En ce qui concerne les voyageurs, même sur les réseaux homogènes, on ne peut le supprimer complètement en raison des changements de trains qui se produisent en général aux embranchements.

Pour les marchandises, lorsqu'elles sont de même nature, par exemple lorsqu'il s'agit de minerais, il suffit souvent que les deux lignes soient convenablement placées par rapport aux quais de chargement pour rendre l'opération aussi simple que peu coûteuse. C'est ainsi qu'à Miliana, le petit chemin de fer de 0,75 qui dessert les mines du Zaccar, livre tous les ans à très peu de frais plus de 100.000 tonnes de minerais au P.-L.-M., sans que cette opération entraîne aucune difficulté pour l'une ou l'autre des compagnies intéressées. A Souk-Ahras, où pourtant on ne dispose pas d'installations mécaniques, on transborde la tonne de phosphate qui vaut 30 à 40 francs suivant les cours, au prix de 0,15. Ces frais, d'après les tarifs actuels, correspondent pour les marchandises à un parcours supplémentaire de 2 à 3 kilomètres. C'est tout à fait insignifiant.

En réalité, le transbordement ne devient un inconvénient sérieux, et c'est le cas d'ailleurs à Souk-Ahras, que s'il porte sur une très grande quantité de marchandises dont par suite des dispositions de la gare, ou pour tout autre motif, on ne puisse assurer l'évacuation assez rapidement pour dégager les voies, car alors il crée un étranglement dans la circulation et constitue une gêne considérable pour l'exploitation, en même temps qu'une entrave pour le commerce par les délais supplémentaires de transport qu'il entraîne. Des difficultés du même genre peuvent encore se présenter lorsque les quantités à transborder, sans être considérables, portent sur un grand nombre de marchandises de nature différente compliquant le service des manutentions. Dès que de semblables inconvénients se produisent, il devient nécessaire, soit de transformer la ligne, soit de lui assurer un débouché direct au port ou de la rattacher à un réseau de même écartement aboutissant au littoral.

La *répartition du matériel roulant* est une question de la plus grande importance pour la gestion économique d'un réseau : il s'agit en effet de faire face à un trafic déterminé avec le minimum de wagons et avec toute la célérité exigée par le commerce ainsi que de réduire au minimum les parcours à vide. Pour arriver à ce résultat, il est avantageux que le réseau, ne comprenant que des voies de même écartement, soit assez étendu pour englober des lignes à trafic différent, de telle façon que les demandes exceptionnelles de matériel ne se produisent pas simultanément sur tous les points, mais qu'au contraire les sections momentanément chargées puissent faire appel aux ressources disponibles des régions où le trafic se ralentit ; c'est une condition qui se présente assez souvent en Algérie où les lignes de céréales et de vins à trafic périodique voisinent avec les lignes de minerais et de phosphates dont le débit généralement constant peut être sans grand inconvénient réduit, au bénéfice des premières dans les périodes où celles-ci exigent un surcroit de wagons à marchandises. Beaucoup plus que la nécessité d'un transbordement, les obstacles apportés à une bonne distribution du matériel sont une cause d'infériorité pour les lignes de type discordant, lorsque celles-ci, étant isolées, se trouvent réduites à se suffire à elles-mêmes au moyen de leurs propres ressources.

A cette question de la répartition, est intimement liée celle de la bonne *utilisation du matériel*, trains et wagons. Pour les wagons en particulier, dans une exploitation économique on doit s'efforcer non seulement de réduire les parcours à vide, mais encore de diminuer autant que possible, le rapport du poids mort à la charge des véhicules. En France, les compagnies disposent de 5 à 10 véhicules par kilomètre, chacun d'eux effectue par an un parcours de 15 à 18.000 kilomètres et transporte de 4 à 500 tonnes sur une distance moyenne de 100 à 150 kilomètres en n'utilisant en moyenne que 40 % de sa capacité totale. Autrement dit, un wagon de 10 tonnes de capacité parcourt pendant une année une distance de 15 à 18.000 kilomètres avec une charge de 4 tonnes. En Algérie, les compagnies ne possèdent que 2 à 6 véhicules par kilomètre. Leur utilisation est un peu moindre qu'en France. Ces rendements, quoique susceptibles d'amélioration, sont cependant comparables aux résultats obtenus à l'étranger dans des circonstances analogues.

De même que la répartition, la bonne utilisation du matériel se trouve singulièrement facilitée par la possibilité de faire passer rapidement un wagon d'une ligne où les besoins sont faibles sur une autre où les demandes sont nombreuses et pressantes. On devra donc s'efforcer, dans une même région aussi étendue que possible, de rattacher les unes aux autres les lignes de même écartement de façon à les souder en un seul réseau et leur permettre ainsi de s'aider mutuellement.

Indépendance des réseaux. — D'après les considérations précédentes, en Algérie, où la voie étroite présente des écartements différents suivant les départements : 1,055 à Oran et Alger, 1,00 à Constantine, la constitution de réseaux autonomes s'impose dans chacune de ces régions. On a critiqué justement cette discordance qui n'a aucune raison d'être, mais il faut reconnaître que, pour le moment tout au moins, elle ne présente pas de bien grands inconvénients ; le mouvement des échanges ne se produit pas en effet dans le sens des parallèles, mais dans celui des méridiens ; il n'est donc pas indispensable que ces réseaux soient rattachés les uns aux autres, quoiqu'il convienne de prévoir le raccordement ultérieur des lignes d'Oran et d'Alger, de même que celui des lignes de Constantine et de Tunisie, mais ce qui est important, c'est que chacun de ces réseaux ait un débouché assuré sur la mer d'où vient et où se rend le trafic, de telle sorte que les marchandises qu'ils transportent puissent arriver au port ou en venir dans le même wagon sans qu'il soit nécessaire de procéder à des transbordements et d'emprunter le matériel et les voies d'un réseau étranger.

Il ne suffit donc pas que les voies étroites aient été convenablement groupées de façon à constituer des réseaux homogènes, il faut encore que ces derniers soient rendus indépendants de la voie large. Grâce à ce double remaniement on peut arriver sinon à supprimer complètement, tout au moins à atténuer considérablement les inconvénients qui peuvent résulter de l'existence de plusieurs types de voies dans la Colonie.

Enfin, dans une organisation économique une dernière amélioration s'impose : il faut que l'indépendance matérielle soit complétée par l'indépendance administrative, qui résulte de la réunion de chacun des réseaux ainsi constitués sous une direction unique. Cette condition n'est pas la moins utile de toutes.

Caractéristiques économiques

Nous donnerons quelques indications sur les principales caractéristiques qui permettent de se rendre compte du fonctionnement économique d'une ligne.

Le *coefficient d'exploitation,* rapport de la dépense à la recette, $\frac{D}{R}$, est souvent pris pour indice du degré d'économie apporté dans la gestion d'une ligne. C'est pourtant une erreur de lui donner un caractère aussi absolu ; il peut seulement fournir un moyen commode d'apprécier les résultats successifs d'une même ligne ou encore de comparer les rendements de deux lignes placées dans des conditions identiques de circulation et de trafic ; mais lorsqu'il s'agit de mettre en parallèle, au point de vue de leur exploitation, des lignes de nature et de fonctionnement différents ou d'importance inégale, l'observation du coefficient d'exploitation ne peut conduire qu'à des conclusions erronées, puisque les deux éléments du rapport, recette et dépense, résultent de données variables avec les conditions de chaque ligne ; c'est ainsi qu'on ne saurait légitimement comparer d'après cette base les lignes sahariennes généralement en pays plat avec les lignes du Tell, qui traversent des régions plus accidentées, ni des lignes à faible trafic avec d'autres à gros tonnages.

Les statistiques indiquent souvent le nombre de *tonnes kilométriques* ou *voyageurs kilométriques* ou plus généralement d'*unités kilométriques* (en assimilant un voyageur ou 200 kilogs de messageries à une tonne de marchandise en P. V.), correspondant à une ligne ou à un réseau. Ces quantités représentent le nombre des voyageurs, tonnes ou unités ayant parcouru un kilomètre ; on les obtient donc en multipliant le nombre de voyageurs, tonnes ou unités transportés par le nombre moyen de kilomètres parcourus. Ce sont des chiffres absolus qui ne sont que d'un intérêt secondaire, car ils ne permettent pas les comparaisons utiles.

Une caractéristique beaucoup plus importante de l'utilité respective des lignes est celle que l'on désigne sous le nom de *tonnage ou voyageurs à distance entière* et que l'on appelle aussi *fréquentation*.

A ces deux dénominations nous préfèrerions d'ailleurs celle de *densité du trafic* qui est beaucoup plus représentative de l'objet que l'on a en vue. La densité du trafic s'obtient, soit pour les voyageurs, soit pour les marchandises, en divisant le nombre de voyageurs-kilomètres ou de tonnes-kilomètres dont il vient d'être question par la longueur de la ligne ou du réseau. On la représente par la formule :

$$F \text{ (fréquentation)} = \frac{T}{L}$$

C'est en somme le nombre d'unités de trafic qui uniformément réparties sur toute la longueur circuleraient annuellement sur chaque kilomètre que comporte le réseau envisagé, ou encore le *débit de la ligne* en voyageurs ou tonnes, supposés répartis uniformément.

Cet indice permet de comparer entre eux les réseaux au point de vue du trafic. Plus la densité est élevée, plus le trafic est considérable. Chose curieuse, cette caractéristique qui est essentielle pour se rendre compte du degré d'utilité d'une ligne ne figure souvent pas dans les statistiques françaises (elle est toujours indiquée dans les statistiques des chemins de fer américains). On a au contraire l'habitude de citer une foule d'autres chiffres qui ne disent rien à l'esprit.

Un autre indice important est le *prix de revient de l'unité kilométrique* et plus spécialement de la tonne kilométrique. En le comparant au *tarif kilométrique moyen*, on peut se rendre compte du *produit net* ou bénéfice réalisé par unité kilométrique. Le prix de revient varie avec la *densité du trafic* et avec le *profil fictif moyen* de la ligne, lequel caractérise sa résistance. Sur une ligne qui serait en palier sur toute son étendue, le prix de revient de la tonne kilométrique ne dépend que de la densité du trafic. On a imaginé diverses formules pour déterminer le prix de revient d'après la densité et le profil. Pour les lignes à très fortes densités de trafic, comme les lignes américaines, où sur certains réseaux la fréquentation dépasse 3.000.000 de tonnes, le prix de revient descend parfois au-dessous de 0 fr. 015.

Pour les lignes à forte rampe et à faible densité de trafic, comme il en existe beaucoup en Algérie, le prix de revient peut au contraire s'élever au-dessus de 0,12 la tonne kilométrique.

La fréquentation (voyageurs et marchandises) multipliée par le tarif moyen (voyageurs et marchandises) reproduit la *recette brute kilométrique ;* de même que la fréquentation multipliée par le prix de revient moyen donne la *dépense kilométrique.* La différence de ces deux éléments, R-D, constitue le *produit net kilométrique* de l'exploitation au moyen duquel est rémunéré le capital d'établissement.

D'après cela, la recette brute kilométrique représente la valeur en francs de la fréquentation et peut dès lors comme celle-ci servir de mesure au débit de la ligne. C'est donc une caractéristique très importante à consulter lorsque l'on veut se rendre compte du rendement économique et de l'utilité respective de plusieurs lignes.

D'une manière générale, dans les études comparatives entreprises sur des chemins de fer différents, les résultats

absolus et globaux ne présentent qu'un intérêt secondaire et il est essentiel de tout rapporter au kilomètre de ligne.

On peut ainsi beaucoup mieux saisir la diversité des conditions d'établissement, d'exploitation et de rendement des lignes, mises en parallèle. C'est ainsi que nous procèderons pour établir le classement, au point de vue de leurs charges et de leur utilité, des prolongements et compléments dont nous avons envisagé la construction dans les Territoires du Sud. Pour chacune de ces lignes, nous établirons nos prévisions approximatives sur les caractéristiques techniques ou économiques suivantes :

Coût du kilomètre de ligne.
Densité en voyageurs.
Densité en marchandises.
Recette brute kilométrique.
Dépense kilométrique.
Tarifs kilométriques.

A titre de comparaison, nous citerons les chiffres suivants, relatifs aux chemins de fer de divers pays, et qui permettent d'utiles rapprochements :

France (réseau d'intérêt général, 1908)

Étendue du réseau	40.122 km.
Coût du kilomètre	454.500 fr.
Densité voyageurs	399.000
Densité marchandises	521.200
Recette kilométrique	43.160 fr.
Dépense kilométrique	25.000 »
Coeficient d'exploitation	58
Tarif moyen voyageurs en centimes	3 c. 56
Tarif moyen marchandises	5 c. 16

Allemagne (réseau à voie normale, 1908)

Étendue du réseau	57.401 km.
Coût du kilomètre	380.875 fr.
Densité voyageurs	548.800
Densité marchandises	794 700
Recette kilométrique	57.145 fr.
Dépense kilométrique	41.504 »
Coeficient d'exploitation	72,6
Tarif moyen voyageurs en centimes	3 c. 00
Tarif moyen marchandises	4 c. 58

Autriche-Hongrie (réseau d'État, 1908)

Étendue du réseau	39.576 km.
Coût du kilomètre	309.875 fr.
Densité voyageurs	283.000
Densité marchandises	543.700
Recette kilométrique	36.764 fr.
Dépense kilométrique	26.118 »
Coefficient d'exploitation	72,1
Tarif moyen voyageurs en centimes	3 c. 06
Tarif moyen marchandises	4 c. 75

Russie (réseau total, 1908-9)

Étendue du réseau	62.749 km.
Coût du kilomètre	272.625 fr.
Densité voyageurs	300.400
Densité marchandises	856.300
Recette kilométrique	35.107 fr.
Dépense kilométrique	28.632 »
Coefficient d'exploitation	81,2
Tarif moyen voyageurs en centimes	2 c. 08
Tarif moyen marchandises	3 c. 03

Grande-Bretagne (réseau total, 1908)

Étendue du réseau	37.337 km.
Coût du kilomètre	877.500 fr.
Densité voyageurs	»
Densité marchandises	808.850
Recette kilométrique	80.446 fr.
Dépense kilométrique	51.267 »
Coefficient d'exploitation	63, 7
Tarif moyen voyageurs	»
Tarif moyen marchandises	»

États-Unis (réseau total, 1908)

Étendue du réseau	375.987 km.
Coût du kilomètre	234.125 fr.
Densité voyageurs	130.100
Densité marchandises	974.700
Recette kilométrique	33.886 »
Dépense kilométrique	23.644 fr.
Coefficient d'exploitation	69, 7
Tarif moyen voyageurs en centimes	6 c. 32
Tarif moyen marchandises	2 c. 46

Algérie (intérêt général, 1913)

Étendue du réseau	3.337 km.
Coût du kilomètre	213.000 fr.
Densité voyageurs	120.000
Densité marchandises	180.000
Recette kilométrique	17.586 fr.
Dépense kilométrique	12.322 »
Coefficient d'exploitation	70 »
Tarif moyen voyageurs en centimes	4 c. 65
Tarif moyen marchandises	6 c. 61

Pour les trois lignes de pénétration de Colomb-Béchard, Boghari et Biskra, la densité du trafic varie en moyenne :

pour les voyageurs, de 30 à 60.000,
pour les marchandises, de 30 à 70.000.

Organisation d'ensemble des lignes du Sud

D'après les conditions générales qui précèdent, l'organisation d'ensemble des réseaux du Sud peut être envisagée de la manière suivante :

Dans le Territoire d'Aïn-Sefra, la ligne projetée de Géryville se rattache nécessairement au réseau oranais de l'État, lequel ne comprend que des voies étroites d'écartement de 1m 055. Ce réseau se compose de deux grandes artères : Oran-Arzew-Colomb-Béchar et Mostaganem-Tiaret, reliées par deux transversales Arzew-Mostaganem, et Sidi-Bel-Abbès, Tizi, Mascara, Uzès-le-Duc. Il est à la fois homogène et indépendant, puisqu'il assure par ses propres moyens ses débouchés aux trois ports principaux du département d'Oran. En outre, toutes les lignes qui constituent le réseau dépendant de la même administration. Cette organisation est tout à fait rationnelle. Une difficulté se présentera lorsque la ligne de Tlemcen à Beni-Saf, également à voie de 1m 055, sera achevée. Cette ligne se trouve en effet isolée. Il sera nécessaire de la relier au reste du réseau. Ce ne sont pas les combinaisons qui manqueront pour réaliser, le moment venu, cette amélioration indispensable.

Dans le Territoire de Ghardaïa, notre programme ne comporte que le prolongement jusqu'à Laghouat et plus tard au M'zab, de la ligne actuelle de Djelfa. Celle-ci, qui a le même écartement, 1m 055, que le réseau oranais de l'État, a son origine à Blida, où elle se raccorde à la voie large du P.-L.-M. Elle est donc séparée des autres voies étroites du département d'Alger ; en outre, elle est sous la dépendance du P.-L.-M. pour son débouché au port d'Alger ; enfin, pour achever la complication, elle est soumise à une administration différente de celle de la voie large (P.-L.-M.) et aussi de celle des autres lignes à voie étroite (C.-F.-R.-A. et bientôt État pour la ligne de Ténès-Orléansville). Il faut avouer qu'un pareil enchevêtrement, très fâcheux pour la prospérité du pays, n'a aucune raison d'être. Nous ne pouvons qu'émettre le vœu qu'il y soit promptement mis un terme.

Plus tard il conviendra d'envisager le raccordement entre eux des deux réseaux à voie de 1m 055 des départements d'Alger et d'Oran.

Dans le territoire de Touggourt et celui des Oasis, les trois lignes projetées sont destinées à devenir tributaires de la ligne de Touggourt, et à constituer avec celle-ci un réseau à voie étroite de 1 mètre qui se trouvera séparé des autres lignes du Nord à même écartement, celle des Ouled-Rhamoun à Khenchela et celle de Bône à St-Charles. Ici, comme dans le département d'Alger, il est indispensable de se préoccuper du raccordement ultérieur de toutes ces lignes de façon à en faire un tout indépendant de la voie large, avec ses propres débouchés sur les trois ports du département : Bougie, Philippeville et Bône. Ce ne sont pas les solutions qui manquent dans un département où la présence de nombreux gîtes miniers assure aux voies ferrées l'abondance d'un trafic permanent.

Le rattachement ultérieur aux lignes tunisiennes, en facilitant les échanges entre les deux pays voisins et en favorisant le développement du tourisme, contribuera grandement à accroître la prospérité de ces régions qui sont parmi les plus pittoresques de l'Algérie.

En définitive, il serait désirable que l'on arrivât à brève échéance à substituer à toutes ces petites lignes éparses qui vivent péniblement et mesquinement, sans liaison entre elles, sans pouvoir se soutenir réciproquement, trois réseaux homogènes et indépendants assez vigoureux pour se développer par leur propres forces ; le réseau d'Oran déjà existant, ceux d'Alger et de Constantine, lesquels, ainsi que nous venons de le dire, pourraient un jour être avantageusement réduits à deux par la fusion des réseaux d'Alger et d'Oran.

Ce serait un progrès considérable qui serait, à n'en pas douter, le point de départ d'une nouvelle marche en avant de la Colonie dans la voie de la prospérité économique.

CHAPITRE IV

ÉTUDE ÉCONOMIQUE ET TECHNIQUE DES DIVERSES LIGNES PROJETÉES

Dans les chapitres précédents, après avoir jeté un coup d'œil d'ensemble sur la situation économique des Territoires du Sud, nous avons indiqué le programme ainsi que les conditions d'établissement des voies nouvelles destinées à tirer le meilleur résultat des vastes régions soumises à notre domination sur les Hauts-Plateaux et dans le Sahara algérien.

Il convient maintenant de serrer le problème de plus près en examinant séparément au double point de vue économique et technique chacune des lignes que nous avons retenues, savoir :

dans le Territoire d'Aïn-Sefra :

Ligne de Bouktoub à Géryville,

dans le Territoire de Ghardaïa :

Ligne de Djelfa-Laghouat,
Ligne de Laghouat-Ghardaïa,

dans le Territoire de Touggourt :

Ligne de Tolga aux Ouled Djellal,
Ligne de Djamâa à Guémar,

dans le Territoire des Oasis :

Ligne de Touggourt à Ouargla.

Nous laisserons donc de côté, d'une part les lignes de raccordement avec le Maroc et la Tunisie, pour lesquelles au préalable un accord avec les protectorats voisins serait nécessaire, et d'autre part les lignes de liaison qui, dans le département de Constantine tout au moins, devraient rattacher les chemins de fer du Sud avec ceux de même écartement du Nord, le programme de ces voies spéciales ne pouvant être également envisagé utilement qu'après entente entre les deux administrations intéressées.

LIGNE DE BOUKTOUB A GÉRYVILLE

Région desservie

Le cercle de Géryville que la ligne projetée est appelée à desservir est à cheval sur les Hauts-Plateaux et la région saharienne. Sa superficie est de trois millions d'hectares environ. Dans toute son étendue, le climat est particulièrement sec. La quantité de pluie annuelle reçue varie de 180 à 340 millimètres. Dans la partie comprise sur les Hauts-Plateaux, le sol aride est couvert d'alfa ; dans la région montagneuse entre les Hauts-Plateaux et le Sahara, on rencontre d'importants massifs boisés, des cultures et quelques jardins auprès des sources ; c'est là que sont disséminés les sédentaires. Au Sud, s'étend le steppe saharien propre au pâturage avec sa végétation spéciale de retem, de drinn, et au sol souvent moins sec que celui des Hauts-Plateaux, où les nombreux troupeaux des nomades trouvent l'herbe nécessaire à leur subsistance.

Sur tout son parcours, la ligne projetée traverse la mer d'alfa. Son terminus, Géryville, se trouve au pied de la région montagneuse : c'est l'un des principaux marchés de moutons du Sud-Oranais.

C'est de là également que partent, tous les ans, les importantes caravanes à destination du Gourara qui se trouve ainsi intéressé à la construction de la nouvelle ligne.

Population

La population du cercle se compose approximativement de.............................. 45.000 habitants.

La plus grande partie des ksours et des tribus, très inégalement répartis, se trouvent dans la zone montagneuse et saharienne où l'on rencontre les cultures et les pâturages et sont par conséquent placés du côté du terminus de la ligne projetée.

La population du Gourara incidemment desservie par le chemin de fer est de. .... 30.000 habitants.

Production et Échanges

L'élevage des moutons constitue la plus grande ressource des habitants. Les tribus nomades qui s'y adonnent fréquentent les pâturages de la zone montagneuse et de la zone saharienne et viennent vendre leurs animaux à Géryville, où elles les échangent contre les céréales que leur apportent les caravanes venant du Nord, de la région de Frenda et de Tiaret.

En sens inverse, tous les ans à la fin de novembre, les indigènes du cercle se groupent en caravanes pour aller échanger dans les oasis du Gourara et du Haut-Touat, les moutons et les produits de l'élevage, ainsi que des grains, contre les dattes nécessaires à leur nourriture.

Ces caravanes comprennent au moins 2.000 individus escortant 7 à 8.000 chameaux et de nombreux troupeaux. Elles ont donc une importance particulière.

Le cercle, par suite de sa sècheresse, est assez pauvre en céréales. On ne cultive celles-ci qu'aux abords des sources existant à Géryville ou dans les couloirs qui séparent les divers chaînons montagneux.

En même temps que l'élevage, le commerce des laines et peaux donne lieu à d'importantes transactions.

Enfin, sur les Hauts-Plateaux, dans le voisinage de la voie ferrée, la cueillette de l'alfa procure des ressources sensibles aux populations pauvres du cercle et assure leur existence, principalement pendant les mauvaises années.

Géryville est le grand marché d'échange des moutons, des laines et des céréales ; Bouktoub est le centre d'exportation des alfas.

Les principales marchandises sur lesquelles s'exerce l'activité économique de la région sont :

A l'exportation : les moutons, les laines et peaux, l'alfa.

A l'importation : les céréales et farines, les tissus et cotonnades, les cafés, sucres, tabacs, bougies, huiles, pétrole et d'une manière générale tous les produits nécessaires à l'alimentation et les objets manufacturés d'un usage courant. On reçoit également à l'entrée, des dattes venant du Sud.

Moutons et autres animaux. — On peut évaluer au chiffre moyen de 340.000 le nombre des moutons possédés par les tribus du cercle. Sur cet effectif, une moyenne annuelle de 30.000 est expédiée par la gare de Bouktoub. Ce chiffre ne représente guère que la moitié de l'exportation sur le Nord, laquelle en tenant compte des sorties par caravanes peut être évaluée à un total minimum de 60.000

Les autres animaux exportés consistent en général en bœufs et chevaux au nombre d'environ 1.000 par la gare de Bouktoub.

La valeur de ces exportations peut être fixée :

Pour les moutons, à..... .... 900.000 fr.

Pour les autres animaux, à......... 120.000 »

Laines et peaux. — Les exportations de laines et de peaux peuvent être évaluées en moyenne à.... 300 tonnes en quantité, représentant une valeur de. 420.000 francs. La presque totalité de ces sorties s'opère par la gare de Bouktoub.

Alfa.— Le tiers de la superficie du cercle, soit 1.000.000 d'hectares, est couvert d'alfa dont une partie seulement est en exploitation. L'exportation annuelle est de 15.000 tonnes environ, expédiées par la gare de Bouktoub.

L'hectare d'alfa donne environ 3 quintaux d'alfa vert, correspondant à deux quintaux de sec. La zone du cercle de Géryville exploitée annuellement est donc d'environ .... 75.000 hectares.

Les chantiers disséminés dans cette zone sont au nombre d'une vingtaine. L'alfa apporté par les indigènes à dos d'âne ou de chameau y est séché, trié, bottelé ; du chantier, il est ensuite transporté à la gare au moyen d'arabas.

Les prix de l'alfa, assez élevés au début, ont sensiblement baissé. Depuis vingt ans, ils se maintiennent entre 5 et 6 francs le quintal, rendu quai d'embarquement. Actuellement le prix du quintal, quai Arzew, est de 5,50, que l'on peut décomposer de la manière suivante :

Prix moyen du quintal d'alfa vert payé sur les chantiers aux indigènes.. .... 2.00

L'alfa séché perdant environ 20 % de son poids, ce prix correspond à.... .... 2.50 à l'état sec.

Prix de transport par arabas des chantiers à la gare de Bouktoub.......................... 1.00

Prix de transport de Bouktoub à Arzew et manutentions diverses.......... .. .. 1.75

Bénéfice de l'exploitant, frais généraux et divers. 0,25

Au total, prix du quintal rendu au port d'embarquement......... .... 5.50

D'après cela, on voit que la somme restant dans le cercle de Géryville au profit des ouvriers indigènes ou espagnols employés à la cueillette et au transport à la

gare s'élève à 3 fr. 50 par quintal, soit au total pour les 150.000 quintaux expédiés annuellement
à environ.... .... 525.000 fr.

La conservation et le développement des peuplements d'alfa n'intéressent donc pas seulement l'avenir d'un commerce considérable, mais encore l'existence même des populations qui vivent dans ces régions arides. En outre, l'alfa crée autour de lui des conditions favorables pour les végétaux et les animaux. Beaucoup de plantes annuelles ne poussent que grâce à la protection des touffes d'alfa et constituent ainsi les éléments principaux des pâturages que parcourent les troupeaux des nomades. L'alfa lui-même fournit pendant une certaine période de l'année un appoint pour la nourriture de certains animaux. Le cheval, le chameau, les chèvres sont friands de ses jeunes pousses. Il sert enfin à fixer les sables, à arrêter les dunes et à protéger le sol contre la dénudation que peuvent provoquer la violence du vent ou le ruissellement sur les pentes.

Exportations diverses. — Le cercle de Géryville exporte également des tapis, des burnous, divers articles en laine ou alfa dont l'importance peut être évaluée approximativement :

En poids.................... 300 tonnes
En valeur.. .... 300.000 francs

Céréales. — Le régime irrégulier des pluies, la sécheresse du climat, l'insuffisance du nombre des puits n'ont pas permis jusqu'ici de développer dans le cercle la culture des céréales. La superficie des terres emblavées en blé ou en orge ne dépasse guère 6 à 8.000 hectares donnant une récolte moyenne en grains de 1.600 à 2.750 tonnes.

Ces quantités sont insuffisantes pour les besoins de la

population qui est obligée de recourir à l'importation ou de s'approvisionner directement dans le Tell lors de ses déplacements périodiques. Elle fait venir ainsi de l'extérieur .... 5.000 tonnes
dont.................................... 3.000 —
sont destinées à profiter de la voie ferrée.

Importations diverses. — Les autres articles d'importation sont par ordre d'importance, venant du Nord :

les sucres et cafés,
les tissus et cotonnades,
les huiles, bougies, pétroles,
les matériaux de construction,
divers (tabacs, savons, quincaillerie, etc.),

venant du Sud :

les dattes.

Le montant total en poids de ces marchandises peut être évalué à........................ 3.000 tonnes
dont................................ 2.000 —
passent par la gare de Bouktoub, le restant étant apporté par caravanes.

La valeur de ces importations peut être fixée à .... 1.200.000 fr.

Mouvement des échanges. — En résumé, d'après ce qui précède le tableau des échanges effectués dans la région peut être établi de la manière suivante :

EXPORTATIONS :

Alfa....................	15.000 t.	valant	525.000 fr.
Laines et peaux	300 t.	—	400.000 »
Divers..................	300 t.	—	300.000 »
Moutons et autres animaux	61.000	—	1.020 000 »
Soit au total 15.600 t.,	61.000 animaux		2.245.000 fr.

Importations :

Céréales	5.000 t. valant	1.000.000 fr.
Divers	3 000 t. —	1.200.000 »
Total		2.200.000 fr.

Ces chiffres n'ont bien entendu aucune prétention à une précision très difficile à obtenir en de semblables évaluations. Ils ont simplement pour but de fixer les idées sur la valeur économique de la région à desservir. Ils varient d'ailleurs assez sensiblement d'une année à l'autre. Ils permettent cependant de constater que l'excédent de la production du cercle, non consommé sur place et mesurant le pouvoir d'achat de la population, oscille autour de 2.200.000 francs.

Avenir économique de la région

Ce pouvoir d'achat de 2 200 000 francs caractérise la valeur économique de la région à desservir. Celle-ci, n'ayant pas encore révélé l'existence de gîtes miniers, ne peut compter que sur sa production agricole pour l'amélioration de ses conditions matérielles. En attendant des découvertes minières, qui ne sont peut être pas impossibles dans les montagnes des ksours, son avenir économique est donc lié aux trois facteurs suivants :

1° Développement de l'exploitation de l'alfa ;
2° Amélioration et extension des pâturages ;
3° Amélioration et extension de la culture des céréales.

Développement de l'exploitation de l'alfa. — La nappe d'alfa du cercle s'étend au moins sur un million d'hectares, mais comme, après une année de cueillette, les peuplements ont besoin de deux années de repos pour se reconstituer avec la vigueur nécessaire, il en résulte que le tiers seulement de cette étendue, soit en chiffres ronds 300.000 hectares, serait susceptible d'être exploité chaque année. Or, nous avons vu plus haut que la zone soumise à la cueillette n'atteint que .... 75.000 hectares, soit le quart de la superficie exploitable. Cela tient à ce que, pour éviter les frais prohibitifs de transport par chameaux ou arabas, les chantiers d'alfa ne peuvent pas s'éloigner de plus de 35 kilomètres environ de la voie ferrée. Cette condition a une répercussion très grave pour la conservation des peuplements, car par des exploitations excessives, sans repos suffisants, elle conduit à la dévastation des parties voisines de la voie ferrée. Ce danger risque non seulement de compromettre l'avenir d'une industrie prospère, mais encore par la dénudation du sol de rendre inhabitables les terrains de parcours fréquentés par les tribus nomades. Pour l'éviter, il est indispensable de créer, à travers la nappe, des voies de pénétration permettant d'atteindre les parties que leur éloignement du chemin de fer a rendues jusqu'ici inexploitables. C'est à cette nécessité que répond la ligne de Géryville. Par sa direction perpendiculaire à la voie principale du Sud-Oranais, elle traverse dans toute sa largeur la nappe d'alfa et la dessert dans toute son étendue. Actuellement le centre de l'exploitation se trouve à 30 kilomètres de Bouktoub, à Alfaville. Le transport à cette gare coûte, avons-nous vu, 1 franc le quintal. Avec la nouvelle voie ferrée, Alfaville deviendrait le point d'expédition. Le tarif de transport d'Alfaville à Bouktoub serait de 0 fr. 29 seulement. Dans ces conditions toute la zone comprise entre Alfaville et Bouktoub, déjà très fatiguée, pourrait être laissée au repos et les chantiers être reportés à 30 kilomètres environ au delà d'Alfaville.

Cette manière de faire aurait un autre avantage : elle

donnerait la possibilité d'augmenter les surfaces soumises à la cueillette, puisque la présence de la voie ferrée, en introduisant dans la région les transports à bon marché, permettrait d'exploiter non seulement la mince bande voisine de la ligne Sud-Oranaise, mais encore la totalité de la nappe, tout en respectant les périodes de repos reconnues nécessaires. Ce ne seraient plus 75.000 hectares, mais 300.000 qui pourraient être mis en valeur. La production pourrait être quadruplée. Sans doute de semblables résultats n'arriveraient à se réaliser qu'au bout d'un certain nombre d'années ; mais peut-être ne serait-il pas nécessaire d'un bien long temps pour doubler le chiffre des expéditions actuelles d'alfa et les porter de 15.000 à 30.000 tonnes au grand profit des indigènes du cercle.

Amélioration et extension des pâturages. — Le cercle de Géryville est une des principales régions d'élevage de l'Algérie. Les trois parties qui le composent : Hauts-Plateaux recouverts d'alfa, zone intermédiaire montagneuse, désert saharien, sont, à des degrés divers, propres au pâturage, mais souffrent toutes plus ou moins du manque d'eau.

Au Nord, dans les Hauts-Plateaux, les oueds sont presque toujours à sec et le nombre des sources est des plus restreints. Lorsque les pluies ont été abondantes, il s'amasse sans doute dans les redirs et les dayas une certaine quantité d'eau que l'on conserve pendant plusieurs semaines ; mais cette précieuse ressource manque la plupart du temps parce que les dépressions naturelles servant de réservoirs présentent de trop grandes surfaces d'évaporation. Par suite de la sécheresse du pays, les Hauts-Plateaux sont très pauvres en herbes fourragères et un troupeau, pour y vivre, doit parcourir d'immenses étendues.

La partie montagneuse, qui constitue la région des ksours, est mieux partagée. Le sol y est moins sec ; elle est pourvue de sources dont le débit suffit aux troupeaux avec leurs effectifs actuels. Entre les chaînons des montagnes, s'étendent de larges vallées qui offrent des pâturages abondants capables de nourrir un bétail nombreux. Les plateaux qui séparent ces vallées, avec une végétation plus maigre, contiennent cependant des ressources suffisantes pour les troupeaux qui les traversent et même ceux qui s'y arrêtent pendant un certain temps.

Au Sud, dans la région saharienne, l'eau est également moins rare que sur les Hauts-Plateaux ; de grands oueds, où les crues se font sentir de temps à autre, fournissent de bons pâturages. L'alfa disparaît pour faire place au drinn, au retem et à un grand nombre d'autres plantes très recherchées des animaux. La température d'hiver est moins rude qu'au Nord, le vent y souffle moins fort. Les troupeaux s'y sentent plus à l'aise et s'y refont généralement très rapidement.

Tout bien examiné, il semble qu'en l'état actuel des choses, les ressources en pâturages dans le cercle de Géryville sont supérieures aux besoins des troupeaux et l'effectif de ceux-ci pourrait en conséquence être sensiblement augmenté, pourvu que l'on aménageât un plus grand nombre de points d'eau, redirs, puits, pour l'abreuvage des animaux. C'est de ce côté que devront tendre les efforts de l'Administration, lorsque la présence d'une voie ferrée, en rendant accessibles les diverses parties du cercle de Géryville aura permis de mieux se rendre compte de ses besoins et en même temps d'y pourvoir d'une façon plus rapide et plus économique.

Amélioration et extension de la culture des céréales. — Le cercle ne comprend encore que 8.000 hectares environ cultivés en céréales ; pourtant de plus grandes étendues de bonne terre se prêteraient à cette culture sur les pentes et dans les vallées de la partie montagneuse, si la sécheresse et la rigueur du climat ne venaient trop souvent décourager les tentatives faites par les indigènes pour développer leurs ensemencements. Comme pour l'élevage, le manque d'eau est le principal écueil auquel se heurte l'industrie agricole, et, il n'est guère possible d'y remédier par l'aménagement des sources et l'irrigation, car dans la lutte pour l'eau, l'élevage entre nécessairement en conflit avec la culture, ou plutôt la lutte n'est pas possible dans cette région essentiellement pastorale, où les points d'eau doivent être d'abord consacrés à l'abreuvage des animaux.

Ces travaux d'irrigation que l'on pourrait entreprendre dans la région des ksours ne nous semblent d'ailleurs pas susceptibles d'augmenter sensiblement l'étendue des terres à mettre en valeur. L'irrigation exige en effet des quantités d'eau relativement considérables. On admet que pour un hectare à céréales, il faut pouvoir disposer d'un débit de 10 litres à la minute. Or, les plus importantes sources du pays ne donnent guère que 100 à 150 litres ne permettant dès lors que l'arrosage de 10 à 20 hectares. Le nombre de ces sources n'est pas très élevé, une vingtaine environ. Il est possible d'en dégager de nouvelles ; néanmoins, il ne faut pas attendre de ces travaux des résultats bien considérables.

On a parfois émis l'idée de remédier à la pénurie d'eau par la création de puits artésiens. Si cette entreprise devait être couronnée de succès, elle serait susceptible en effet d'amener une sensible amélioration dans les conditions agricoles du pays. Toutefois, il ne semble pas d'après la constitution géologique du sol, qu'il convienne de fonder grand espoir sur cette solution. Elle n'est pas à négliger cependant, et il sera intéressant d'y recourir, mais seulement lorsque la voie ferrée aura permis de transporter dans des conditions suffisamment économiques le matériel pesant et encombrant dont se compose un atelier de forage destiné à des expériences devant être poussées parfois à de très grandes profondeurs.

Pour le moment, il nous paraît raisonnable de ne compter pour l'arrosage des terres cultivables que sur les précipitations atmosphériques. Or la quantité de pluie reçue dans la zone montagneuse du cercle de Géryville est actuellement insuffisante pour permettre de réaliser des récoltes satisfaisantes avec le mode de culture habituel.

Il conviendra donc de recourir au système du *dry farming* qui ailleurs a donné des résultats appréciables dans des régions analogues et qui paraît particulièrement susceptible d'applications heureuses dans cette partie des Hauts-Plateaux.

Trafic et Rendement probable de la Ligne

Tarifs. — Pour cette ligne, comme pour les autres que nous étudierons, nous adopterons les tarifs en vigueur sur la ligne de Touggourt qui, bien qu'un peu plus élevés que ceux du réseau de l'État, ont été cependant établis sur des bases modérées, peut-être même un peu trop faibles.

Les taux de base en sont les suivants :

Voyageurs :	1re classe.... ...	0f12 par kilomètre
	2e classe...... .	0f06 »

On n'a prévu que deux classes comme sur la ligne Sud-Oranaise, la première pour les européens, la deuxième pour les indigènes.

Marchandises :	alfa	0f09 par T. K.
	céréales...........	0f10 »
	laines et peaux.... .	0f15 »
	divers.............	0f15 »

Animaux : — moutons et divers.. 0f01 par tête K.

En dehors des transports d'alfa, seule marchandise que l'on rencontre en cours de route, tout le trafic a lieu de bout en bout.

Voyageurs. — D'après les relevés de la gare de Bouktoub, le trafic voyageurs peut être fixé à :

européens	320
indigènes.............	7.900

fournissant un produit kilométrique de :

320 × 0,12 =	38 40
7.900 × 0,06 =	474 »
au total, par kilomètre..........	512 40

Animaux. — L'exportation actuelle des moutons par la gare de Bouktoub est d'environ............. 30.000; nous ne tiendrons pas compte des autres animaux. Bien qu'un chemin de fer pénétrant à l'intérieur du cercle doive absorber très certainement une grande partie de l'important trafic des caravanes, nous nous en tiendrons à ce chiffre de 30.000 dès maintenant assuré. Le produit kilométrique sera donc de :

30.000 × 0,01 = 300 francs.

Alfa. — L'exploitation ne commence qu'à Alfaville qui est actuellement le centre des expéditions par charrettes.

Au fur et à mesure du développement de cette industrie, le centre se déplacera en s'éloignant de Bouktoub et en se rapprochant de Géryville. Le trafic croîtra donc à la fois comme quantité des marchandises à transporter et comme distance à parcourir. Pour le début, nous nous contenterons d'admettre le tonnage actuel que reçoit la gare de Bouktoub, soit 15.000 tonnes.

La section Bouktoub-Alfaville bénéficie intégralement de ce transport dont le produit kilométrique est de :

$$15.000 \times 0{,}09 = 1.350 \text{ francs.}$$

Sur le reste du parcours, on ne peut compter que sur un produit kilométrique moitié moindre, soit environ 675 francs ; mais avec le développement de l'exploitation, qui grâce à la voie ferrée peut rapidement doubler, les recettes s'accroîtront nécessairement dans la même proportion. Nous n'en ferons cependant pas état pour le moment.

Laines et peaux. — Les marchandises autres que l'alfa en provenance ou à destination du cercle transitent de bout en bout.

Les exportations des laines peuvent être évaluées à....................................... 300 tonnes.

Leur produit kilométrique sera :

$$300 \times 0{,}15 = 45 \text{ francs.}$$

Céréales. — Le chemin de fer prendra au moins les 3/4 de l'importation, soit 3.000 tonnes avec un produit kilométrique de :

$$3.000 \times 0{,}10 = 300 \text{ francs.}$$

Divers. — La part du chemin de fer (importations et exportations réunies) peut être fixée à ... 2.300 tonnes donnant un produit kilométrique de :

$$2.300 \times 0{,}15 = 345 \text{ francs.}$$

En définitive, le produit kilométrique s'établit comme suit :

Sur la section Bouktoub-Alfaville :

Voyageurs	512 40
Moutons	300 »
Alfa	1.350 »
Laines et peaux	45 »
Céréales	300 »
Divers	345 »
c'est-à-dire au total	2.852 40
ou en chiffres ronds	2.850 francs.

Sur la section Alfaville-Géryville :

Voyageurs	512 40
Moutons	300 »
Alfa	675 »
Laines et peaux	45 »
Céréales	300 »
Divers	345 »
c'est-à-dire au total	2.177 40
ou en chiffres ronds	2.200 francs.

Nous arrivons donc à cette conclusion qu'en chiffres ronds le produit par kilomètre de la section Bouktoub-Alfaville s'élève à la somme approximative de 2.850 fr.

Sur le prolongement Alfaville-Géryville, ce même produit serait seulement de .... 2.200 fr.

Ces deux chiffres seraient appelés à se relever progressivement et sensiblement au fur et à mesure du développement de la cueillette de l'alfa.

Conditions d'établissement de la ligne

Le projet technique est complètement établi d'après les bases indiquées dans les paragraphes suivants :

Tracé. — La ligne projetée est à voie de 1m 055 comme la ligne Sud-Oranaise à laquelle elle se rattache à la station de Bouktoub. La longueur est de 100 kilomètres. On pourrait la réduire de 2 kilomètres environ en plaçant l'origine un peu au nord de Bouktoub, ce qui permettrait de partir de la gare du Kreider.

Sur la plus grande partie de son parcours, le tracé traverse la mer d'alfa sans rencontrer d'autres points habités que les trois caravansérails d'Alfaville au kil. 30, de Kef-el-Amar au kil. 56 et de Zouireg au kil. 72. Le petit centre de Bouktoub est habité par des familles espagnoles employées à l'exploitation de l'alfa et quelques israélites et kabyles tenant des maisons de commerce. C'est là que l'alfa recueilli dans les zones est transporté en vue de son expédition sur Arzew, que les moutons achetés à Géryville sont embarqués, et que sont chargées les laines. Les indigènes des tribus voisines trouvent à s'y approvisionner. Au kil. 30, Alfaville est actuellement le centre des exploitations d'alfa, dont la cueillette est interdite sur les 20 premiers kilomètres en vue de laisser reposer la bande voisine du chemin de fer, ravagée par une exploitation trop intensive. A Alfaville, on trouve une petite source. Kef-el-Amar au kil. 56 et Zouireg au kil. 72 sont de simples relais de la voiture. Ces points ne pourront acquérir quelque importance que le jour où la présence de la voie ferrée permettra de rapprocher de Géryville le centre des exploitations alfatières. Au kil. 96 on rencontre l'oued El-Biodh que l'on traverse sur un pont de 20 mètres d'ouverture et dont on suit le cours à travers des gorges assez resserrées.

Au kil. 100, on atteint le centre de Géryville.

Plan et profil en long. — Jusqu'à Zouireg, au kil. 72, le tracé se développe en plan et profil sans grandes difficultés ; les rampes ne dépassent pas 15 m/m et les courbes ne descendent au rayon de 300 mètres que sur quelques points seulement.

A partir de Zouireg et surtout dans la traversée des gorges, le tracé est plus accidenté ; il a fallu recourir sur quelques points à la rampe de 20 m/m et descendre au rayon de 150 mètres. On pourrait éviter la partie la plus difficile du parcours en plaçant la gare de Géryville à l'entrée des gorges, au kil. 96. Les 4 derniers kilomètres sont en effet les plus difficiles et les plus coûteux de toute la ligne.

Profil en travers. — Les dispositions caractéristiques sont les suivantes :

Largeur de la plate-forme...........	4^{m} 40
Largeur de la voie..................	1^{m} 055
Longueur des traverses..............	2^{m} 00
Épaisseur du ballast................	0^{m} 38

dont 15 sous les traverses.

Cube du ballast par mètre.......... 0^{m} 700 environ.

Éléments de la voie : rails de 25 kilogrammes au mètre courant reposant au moyen de selles sur traverses en pin injecté.

Ballast. — Ballast en pierres cassées.

Ouvrages. — Le projet ne comporte qu'un seul grand pont de 20 mètres d'ouverture à la traversée de l'oued El-Biodh. Les ouvrages courants au nombre de 1,5 en moyenne par kilomètre, se composent d'aqueducs dallés ou voûtés et de petits ponts de 4 à 8 mètres de portée avec tabliers constitués en fers enrobés dans une dalle en béton de ciment.

Stations et maisons de garde. — En dehors de Bouktoub, la ligne comportera 4 stations :

Alfaville	k. 30
Kel-el-Amar.........................	k. 56
Zouireg.............................	k. 72
Géryville...........................	k. 100

En outre, les maisons de garde seront réparties le long de la voie et, avec les stations, jalonneront les diverses sections d'entretien d'une longueur moyenne de 12 kilomètres chacune.

Les dépenses ont été évaluées en supposant que la ligne serait exécutée en deux étapes. Dans la première, on construirait la section de 30 kilomètres de Bouktoub à Alfaville qui desservirait la zone alfatière et pourrait être ainsi considérée en quelque sorte comme un embranchement particulier d'un caractère industriel. Pour une ligne d'aussi faible importance, il n'est pas nécessaire de prévoir l'acquisition d'un matériel roulant spécial ; celui de la ligne Sud-Oranaise serait parfaitement suffisant. On peut donc faire l'économie de cette dépense. La voie, en outre, se déroule dans un terrain particulièrement facile et peut être établie sans grands frais. Dans ces conditions la dépense totale de la section s'élève
approximativement à la somme de...... 1.200.000 fr.
soit par kilomètre à.................... 40.000 »
chiffre extrêmement réduit.

Pour la section Alfaville-Géryville, d'une longueur de 70 kilomètres, la dépense atteint....... 3.800.000 fr.
soit par kilomètre environ............. 54.200 »

Cette section est donc beaucoup plus coûteuse que la précédente ce qui s'explique par la nécessité d'acquérir un matériel roulant spécial, en même temps que par une plus grande difficulté de construction dans un pays beaucoup moins facile, surtout dans les derniers kilomètres.

Au total, la ligne de Bouktoub à Géryville ressort à........................ 5.000.000 fr.
pour 100 kilomètres, soit par kilomètre 50.000 »

Conditions d'exploitation

L'exploitation de la ligne sera nécessairement rattachée à celle du réseau Sud-Oranais dont elle ne constitue qu'un embranchement.

Mouvement et trafic. — Les deux principaux éléments du trafic à l'exportation sont l'alfa et les moutons. Or, il convient de remarquer que les expéditions de moutons ont lieu en général de mars à juillet, c'est-à-dire dans la période où on a dû interdire la cueillette de l'alfa en vue de faciliter la reproduction de la plante. Le trafic de l'alfa succède donc immédiatement à celui des moutons, de telle sorte que d'une manière générale on peut considérer qu'à l'exportation le mouvement des marchandises sera à peu près uniforme pendant le cours d'une année. Il en sera de même de celui des grains et des objets manufacturés qui constituent le gros des marchandises de retour.

L'importance de ce trafic dans les deux sens sur la section Bouktoub-Alfaville qui est la plus chargée, peut être mesurée par les chiffres que nous avons calculés précédemment, savoir :

Moutons........................ 30.000
Marchandises.................... 20.600 tonnes

De son côté, la circulation des voyageurs qui est également sensiblement uniforme peut être fixée dans les deux sens à :

Voyageurs...................... 8.220

Pour faire face à ce trafic, il est suffisant de prévoir

3 trains par semaine dans chaque sens, quitte à ajouter quelque trains facultatifs en cas d'à-coups exceptionnels.

Dépenses d'exploitation. — La région ne présente aucune difficulté particulière d'exploitation ; elle se trouve à cet égard dans de bien meilleures conditions que la ligne de Touggourt, où la rigueur du climat et la mauvaise qualité des eaux majorent sensiblement les frais de personnel et de traction, et dont le trafic est plus élevé. Or, sur cette dernière, la dépense kilométrique est d'environ 2.500 francs.

Il y a donc tout lieu de supposer que les frais kilométriques d'exploitation se tiendront au-dessous de.................................... 2.500 fr.
et ne dépasseront pas le chiffre de.......... 2.200 »
qui est celui de la recette kilométrique de la section la moins chargée.

Caractéristiques de la ligne

En définitive, les principales caractéristiques de la ligne de Géryville sont les suivantes :

Largeur de la voie...............	1m055
Longueur......................	100 km.
Dépense totale..................	5.000.000 fr.
Dépense kilométrique de la section Bouktoub-Alfaville..................	40.000 »
Dépense kilométrique de la section Alfaville-Géryville..................	54.200 »
Dépense kilométrique de l'ensemble.....	50.000 »
Densité du trafic voyageurs...........	8.220 »
Densité du trafic marchandises (Bouktoub-Alfaville)......................	20.600 t.

Densité du trafic marchandises (Alfaville-Géryville)	13.100 t.
Recette kilométrique sur la section Bouktoub-Alfaville	2.850 fr.
Recette kilométrique sur la section Alfaville-Géryville	2.200 »
Dépense d'exploitation kilométrique sur l'ensemble	2.200 »

La ligne ferait donc ses frais laissant même un produit net afférent à la section Alfaville-Bouktoub, lequel serait appelé à progresser au fur et à mesure du développement de l'industrie alfatière et de l'essor général de la région.

LIGNE DE DJELFA A LAGHOUAT

Le projet d'une ligne sur Laghouat a été mis à l'étude dès 1880. Son exécution a été poursuivie depuis lors par sections successives.

La première section, de Blida à Berrouaghia, est en exploitation depuis 1892 ; la seconde, de Berrouaghia à Boghari, depuis 1913 ; la troisième, de Boghari à Djelfa, est actuellement en cours de construction. Son achèvement est prochain. Quant à la dernière section, de Djelfa à Laghouat, on s'est borné à en établir la plate-forme qui, sur la plus grande partie de son parcours, est utilisée comme route. Les ouvrages d'art ont été laissés de côté. La ligne existante à voie de 1^{m}055 est exploitée par la compagnie de l'Ouest-Algérien de Boghari à Blida ; à Blida, il faut transborder et emprunter la ligne à voie large du P.-L.-M. pour aboutir au port d'Alger, débouché naturel de la région.

Région et Population

La région traversée ressemble beaucoup aux Hauts-Plateaux que parcourt la ligne Sud-Oranaise du Kreider à Aïn-Sefra. C'est presqu'exclusivement un pays d'élevage qui souffre périodiquement de la sécheresse et dans lequel la culture des céréales est peu développée. Entre Djelfa, au kil. 267 à partir de Blida, et Aïn-el-Ibel, au kil. 307, on franchit une nappe d'alfa. A l'ouest, s'étendent les forêts du Senalba qui comprennent environ 110.000 hectares.

La population qu'intéresserait le prolongement de Djelfa à Laghouat se compose d'une partie des habitants

du cercle de Djelfa, soit environ	24.000
de la population du cercle de Laghouat........	27.000
de celle du cercle de Ghardaïa................	39.000
Au total................	90.000

A Laghouat les nomades dominent, à Ghardaïa, les sédentaires.

Production et Échanges

L'élevage est la ressource principale de la région et fournit l'élément essentiel de l'exportation.

Les terrains plantés en céréales sont rares et les quantités de grains qu'on y récolte absolument insuffisantes pour l'alimentation de la population.

De même les dattes, de qualité commune et de faible production, sont entièrement réservées à la consommation locale qui doit également pour ce produit avoir recours à des apports en provenance de Touggourt et d'Ouargla.

Les cultures maraîchères donnent des résultats satisfaisants. La vigne est très répandue dans les jardins du Mzab.

Les arbres fruitiers: abricotiers, pêchers, grenadiers, figuiers, amandiers viennent très bien dans les oasis. A Laghouat, les orangers, mandariniers et citronniers réussissent dans d'excellentes conditions et pourraient fournir un intéressant appoint aux exportations lorsque les communications avec le Nord seront devenues moins onéreuses et plus rapides.

L'industrie des tapis et tissus indigènes, haicks, djerbis, burnous, est très développée dans les villes du Mzab et les ksours de Laghouat. Toute la préparation, lavage, tissage et teinture, se fait dans l'intérieur des familles. Le commerce de ces tapis et tissus donne lieu à des transactions de faible tonnage, mais assez importantes en valeur.

L'exploitation de l'alfa dans la région d'Aïn-el-Ibel, et celle des forêts du Senalba est actuellement entravée par l'absence de voies ferrées.

Pour le moment, l'exportation se borne aux produits suivants, moutons, laines et peaux, tapis et tissus indigènes. Une voie ferrée permettrait d'y ajouter les fruits, l'alfa et les produits forestiers.

A l'importation, on reçoit : les céréales et farines, les cotonnades, les sucres, thés et cafés, la quincaillerie, ainsi que du sel en provenance du Rocher de Sel, à 25 kilomètres au nord de Djelfa.

Les transports sont effectués par charrettes ou par les caravanes des nomades, lesquels travaillent également pour le compte des territoires voisins.

Moutons. — Les moutons donnent lieu tous les ans à une exportation que l'on peut évaluer à :

en provenance de Laghouat.................	25.000
en provenance de Ghardaïa..................	5.000
Au total................	30.000

Produits divers. — Après les moutons, les produits de l'élevage, laines et peaux, constituent la principale branche de l'exportation. Il faut y joindre une certaine quantité de produits fabriqués, burnous et tapis, plus importants par leur valeur que par leur quantité.

Le tonnage de l'exportation peut être évalué à :

en provenance de Laghouat..................	500 t.
en provenance de Ghardaïa..................	100 t.

Alfa. — La présence d'une voie ferrée permettrait de développer considérablement l'exploitation de la nappe d'alfa au sud de Djelfa. Les expéditions à prévoir, à Aïn-el-Ibel, peuvent être évaluées à.............. 4.000 t. effectuant d'Aïn-el-Ibel à Djelfa un parcours de 40 kilomètres, ce qui représente à distance entière (110 kilomètres de Djelfa à Laghouat) un tonnage de..... 1.500 t.

Grains et farines. — Les superficies cultivées au sud de Djelfa, à Laghouat et à Ghardaïa ne produisent guère, bon an mal an, que........................ 800 t. de grains, orge ou blé, et il est nécessaire pour satisfaire aux besoins de la population d'importer tous les ans au moins 10 000 tonnes de céréales dont:
à destination de Laghouat.................... 4.000 t.
à destination de Ghardaïa...................... 6.000 t.

Dattes. — Du Sud on reçoit................ 1.000 t.
de dattes, dont, s'arrêtant à Laghouat........ 600 t.
et, expédiées sur Djelfa et le Nord.......... 400 t.

Bois et sel. — De Djelfa à Laghouat, les expéditions de bois en provenance du Senalba, et de sel, extrait du Rocher de Sel, seraient grandement facilitées par une voie ferrée. Ces expéditions peuvent être évaluées à :
bois.. 500 t.
sel... 500 t.
dont la moitié à destination de Ghardaïa.

Autres marchandises. — Les autres marchandises d'importation consistent en épicerie, quincaillerie, cotonnades et divers, représentant.................... 2.400 t.
dont pour Laghouat.......................... 800 t.
et pour Ghardaïa........................... 1.600 t.

En résumé, d'après ce qui précède, le mouvement des

marchandises à prévoir sur la section Djelfa-Laghouat, comprenant le trafic en provenance ou à destination du Mzab, peut être arrêté de la manière suivante :

Exportations :

Moutons	30.000
Produits divers	600 t.
Alfa	1.500 t.

Importations :

Grains et farines	10.000 t.
Dattes	400 »
Bois et sel	1.000 »
Marchandises diverses	2.400 »

En valeur, le montant des exportations s'élève approximativement à .... 3.000.000 de francs alors que les importations peuvent être estimées à environ........................ 4.500.000 de francs.

Il existe donc un grand déséquilibre dans la balance commerciale de la région ; cela tient non seulement à la présence de troupes et de fonctionnaires dont les dépenses sont payées par la Métropole, mais encore à ce que les nomades de Laghouat effectuent pour le compte des colons du Tell de nombreux transports dont le montant vient augmenter leur pouvoir d'achat. Il en est de même pour le Mzab, dont la population, possédant d'importantes maisons de commerce dans le Nord, paie la plus grande partie de ses dépenses, non par des marchandises d'exportation, mais par les bénéfices réalisés dans le négoce.

Au total, le mouvement commercial peut être évalué à distance entière à :

Moutons 30.000
Marchandises de toute sorte .... 15 900 t.
d'une valeur globable de .... 8 000 000 de francs une partie de ce courant, destiné au Mzab, devant se retrouver sur la section Laghouat-Ghardaïa.

Voyageurs. — Le mouvement des voyageurs peut être déterminé, pour les deux sens, d'après l'effectif de la population desservie sur les bases suivantes, savoir, pour le cercle de Djelfa :

16 % de 24.000 .... 3.840

sur moitié environ de la distance, correspondant par conséquent à une fréquentation à distance entière de 1.920

pour le cercle de Lagouhat :

16 % de 27.000 .... 4.320

pour celui de Ghardaïa :

16 % de 39 000 .... 6.240

pour la région au delà de Ghardaïa 1.520

Au total 14.000

Il convient d'y ajouter pour les touristes qui ne manqueront pas de visiter Laghouat dès que la voie ferrée y aboutira, un minimum d'environ 1.000
soit dans les deux sens 2.000

Rendement probable de la ligne

D'après l'analyse qui précède et en adoptant les tarifs en vigueur sur la ligne de Touggourt, le produit brut kilométrique de la section de Djelfa à Laghouat peut être arrêté comme il suit :

Voyageurs :

Européens et touristes (1re et 2e cl.) 2.000 × 0,12 = 240 fr.
Indigènes (3e classe) .... 14.000 × 0,06 = 840 »

Total pour les voyageurs .... 1.080 fr.

Marchandises :

Moutons............	30.000 × 0,01 =	300 fr.
Alfa...............	1.500 t. × 0,09 =	135 »
Produits divers......	600 » × 0,15 =	90 »
Grains et farines...	10.000 » × 0,10 =	1.000 »
Dattes	400 » × 0,12 =	48 »
Bois et sel.........	1.000 » × 0,10 =	100 »
Autres marchandises	2.400 » × 0,15 =	360 »

soit au total pour les animaux et les marchandises.............................. 2 033 fr.

Pour l'ensemble, la recette kilométrique s'élève donc à....................................... 3.113 fr.

Ce chiffre peut être rapproché de l'évaluation relative à la section Boghari-Djelfa, savoir........... 3.500 fr.

Ce sont des chiffres modérés qui semblent devoir être facilement atteints, lorsqu'on les compare à la recette de la section Berrouaghia-Boghar, laquelle dès la première année de mise en service a dépassé.......... 6.000 fr.

Avenir économique de la région

D'après ce que nous venons de constater par l'examen des différentes branches de la production, le pays est actuellement impuissant à se suffire à lui-même. Comme dans la plupart des régions pauvres, son unique ressource est l'élevage du mouton, mais il possède trois sources de revenus extérieurs, grâce auxquels il arrive à compenser par des importations du dehors l'insuffisance de sa production locale.

Ces sources de revenus sont les suivantes :

1° Les paiements effectués par la métropole pour l'entretien des troupes et des fonctionnaires ;

2° Les bénéfices recueillis par les nomades pour prix des transports exécutés au compte des territoires voisins ;

3° Les bénéfices très importants réalisés par les marchands mozabites dans leurs opérations commerciales, lesquelles englobent les départements d'Alger et de Constantine, ainsi que la Tunisie.

Les revenus des deux premières catégories ne paraissent pas susceptibles de développement ; on peut même s'attendre à des diminutions de ce côté. Au contraire les opérations commerciales des Mozabites n'ont pas cessé de progresser dans ces dernières années et elles semblent devoir prendre encore plus d'ampleur avec l'essor de la Colonie.

On peut également compter sur les touristes pour apporter leur contribution au développement du pays. L'oasis de Laghouat peut être rangée parmi les plus jolies du Sud de l'Algérie ; et quant à Ghardaïa, centre des sept villes du M'zab, il constitue bien certainement l'un des sites les plus pittoresques que l'on puisse rencontrer. De plus, Laghouat comme Ghardaïa peuvent invoquer en leur faveur la proximité d'Alger et l'agrément d'une route qui traverse sur son trajet les gorges renommées de la Chiffa. Enfin depuis quelque temps une piste automobile très satisfaisante permet d'accéder sans difficulté non seulement jusqu'à Ghardaïa mais encore jusqu'à Ouargla, la plus grande palmeraie du Sahara, tandis qu'une autre piste de même nature est en cours d'exécution sur Touggourt où on retrouve la voie ferrée. Lorsque tout ce réseau sera terminé, et cela ne saurait tarder, le voyage circulaire d'Alger-Chiffa-Laghouat-Ghardaïa-Ouargla-Touggourt-Biskra-Timgad-Constantine-Alger ou retour sur Tunis sera sans aucun doute l'une des plus curieuses promenades que l'on puisse imaginer, l'une de celles qui attireront le plus vivement les touristes de France et de l'étranger. Ce sera en même temps l'une des sources les plus fécondes de profit pour ces régions jusqu'ici si déshéritées du Sahara Algérien.

La présence de ces étrangers riches permettrait aussi vraisemblablement de trouver un écoulement plus facile pour les tapis et autres confections indigènes d'une certaine valeur artistique et d'un prix de revient coûteux que l'absence d'acheteurs rend jusqu'à présent peu rémunératrices.

Il faut espérer également que le mouvement produit par une voie ferrée et la circulation de nombreux visiteurs secouerait un peu l'indolence des indigènes et les inciterait à améliorer leurs conditions matérielles par un plus grand soin apporté à leurs modes de culture et un effort plus persistant à étendre leurs labours et leurs plantations.

Conditions d'établissement et d'exploitation

Construction. — Comme nous l'avons vu, les terrassements de la plate-forme ont été exécutés. Il reste à construire les ouvrages et en particulier un grand pont de 400 mètres sur l'Oued Mzi, à l'entrée de Laghouat. Le coût des travaux restant à exécuter a été évalué par le Service des Ponts et Chaussées à la somme de... 9.000.000 fr.
pour une longueur de................. 110 km.
ce qui correspondant à une dépense kilométrique de......................... 81.818 fr.

Exploitation. — Les conditions d'exploitation ne semblent pas devoir différer sensiblement de celles des autres lignes du Sud, à faible rendement. Avec une organisation économique, les frais pourraient donc être facilement

contenus dans une limite, par km., de........ 2 500 fr.
la recette étant de.......................... 3.113 »
il resterait dès lors un produit net de......... 387 »

Caractéristiques de la ligne

Les caractéristiques de la section Djelfa à Laghouat sont donc les suivantes :

Largeur de la voie	1m055
Longueur de la section	110 km.
Dépense de construction totale....	9.000.000 fr.
Dépense par kilomètre.............	81 818 »
Densité du trafic voyageurs.......	16.000 »
Densité du trafic marchandises....	15.900 t.
Recette brute kilométrique........	3.113 fr.
Dépense kilométrique..............	2.500 »
Produit net kilométrique..........	387 »

LIGNE DE LAGHOUAT A GHARDAIA

Région et Population

Au sortir de Laghouat, on traverse une région d'élevage à la végétation clairsemée et au paysage sévère qu'égayent de distance en distance des dayas avec leurs bosquets de bétoums et de jujubiers. Au kilomètre 120 à l'Oued Settafa, on aborde une contrée accidentée, aride et sauvage qui s'étend jusqu'au delà de Ghardaïa et qui est connue sous le nom de Chebka du M'zab. Sur le parcours, il convient de signaler le caravansérail de Tilrempt au milieu d'une belle daya, et la ville de Berrian la première des sept villes du M'zab.

La ligne projetée intéresse en même temps que ces sept ksours mozabites, la confédération des Chamba-Berezga dont le centre d'attache est le ksour de Metlili avec son oasis.

La population à desservir s'élève au total à........................ 39 000 habitants.

Production et Échanges

Nous en avons déjà indiqué la nature et l'importance à propos du chemin de fer de Djelfa à Laghouat. Le trait essentiel et caractéristique du M'zab est que cette curieuse population, refoulée par les invasions dans une région particulièrement aride et désolée, se trouve dans l'impossibilité de vivre sur les ressources du pays. Un grand nombre d'habitants sont obligés de s'expatrier, au moins temporairement, pour gagner dans le commerce leur vie et celle de leur famille restée sur le sol natal. Ce sont leurs larges bénéfices qui paient les importations considérables destinées à compenser l'insuffisance de la production locale.

Le M'zab exporte très peu et constitue au contraire un centre actif d'importations. Cette contrée pauvre est habitée par une population riche.

Rendement probable de la ligne

Le produit brut kilométrique, d'après les données que nous avons précédemment indiquées, peut être établi ainsi qu'il suit :

VOYAGEURS :

Européens et touristes (1re et 2e cl.)	2.000 × 0,12 =	240 fr.	»
Indigènes (3e classe)........	7.760 × 0,06 =	465	60
Total pour les voyageurs....		705 fr.	60

MARCHANDISES :

Moutons..................	5.000 × 0 01 =	50 fr.
Produits divers...........	100 × 0,15 =	15 »
Grains et farines..........	6.000 × 0,10 =	600 »
Dattes..................	600 × 0,12 =	72 »
Bois et sel...............	500 × 0.10 =	50 »
Autres marchandises	1.600 × 0,15 =	240 »

Total pour les animaux et les marchandises. 1 027 fr.

Dans l'ensemble, la recette kilométrique s'élève donc à.................................... 1.732 fr. 60

Avenir économique du M'zab

Les jardins du M'zab sont bien soignés et travaillés ; en dehors de la datte, on y cultive avec succès toutes sortes d'arbres fruitiers ainsi que la vigne ; pour l'ensemencement des céréales, les indigènes utilisent non seulement les abords des oasis, mais le lit des oueds, surtout dans la région de Berrian. Mais le prix de revient de ces cultures est en général élevé, en raison du labeur qu'elles exigent dans cette région sèche et aride. Leur développement est donc nécessairement limité. Dans ces conditions, sauf peut être dans le cas où des sondages artésiens à grande profondeur viendraient à donner des résultats, l'essor du pays doit être recherché moins dans l'accroissement de la production, qui restera toujours faible et précaire, que dans la fréquentation par les touristes et les hiverneurs de l'une des régions les plus propres à frapper l'imagination des rêveurs, par son originalité pittoresque et sauvage. A cet effet, dès maintenant, on peut se rendre facilement à Ghardaïa en automobile par une route bien aménagée. Le voyage peut se poursuivre aisément par le même moyen jusqu'à Ouargla. Ces premières facilités de transport, en attendant la voie ferrée, sont de nature à aider notablement à la prospérité économique du M'zab qui bénéficie déjà, dans une large mesure, du labeur opiniâtre et de l'épargne de ses enfants disséminés dans toute l'Afrique du Nord.

Conditions d'établissement et d'exploitation de la ligne

Jusqu'à Settafa, au kilomètre 120, le pays traversé est facile et les frais de construction d'une voie ferrée ne semblent pas devoir dépasser par kilomètre 50.000 francs.

Au delà de Settafa jusqu'à Ghardaïa, au kilomètre 190, soit sur 70 kilomètres, le pays devient accidenté, exigeant des travaux importants d'infrastructure. Sur ce parcours, le prix de revient kilométrique de la construction peut être évalué approximativement à 150.000 francs.

Au total, pour ses 190 kilomètres, la ligne coûterait 16.500.000 francs, ce qui fait ressortir en moyenne le kilomètre à la somme de................ 86.842 fr.

La dépense kilométrique semble pouvoir être abaissée à.................................... 2.200 fr.
supérieure cependant à la recette d'environ... 468 »

En définitive, les caractéristiques de la ligne de Laghouat à Ghardaïa sont les suivantes :

Caractéristiques de la ligne

Largeur de la voie..................	1m 055
Longueur de la section	190 k.
Dépense de la construction totale....	16.500 000 fr.
Dépense de construction par kilomètre	86.842 »
Densité du trafic voyageurs	9.760
Densité du trafic marchandises	8.800 t.
Recette brute kilométrique	1.732 fr.
Dépense kilométrique..............	2.200 »
Déficit kilométrique................	468 »

LIGNE DE TOLGA AUX OULED DJELLAL

Région desservie

Les Ziban se divisent en :

Zab central, comprenant Biskra et les oasis voisines ;

Zab oriental ou Zab Chergui, à l'est de l'Oued Biskra ;

Zab occidental, comprenant : le Zab Dahri ou du Nord, au pied des montagnes avec les oasis de Bouchagroun, Lichana, Farfar, Tolga, El-Bordj, Foughala, El-Amri ; et le Zab Guebli ou du Sud le long de l'Oued Djeddi avec les oasis d'Oumache, Bigou, Mlili, Ourellal, Ben Thious, Lioua.

Au Zab occidental, on peut rattacher comme annexes :

1° Doucen avec le Bou Mleh et le Madhers ;

2° Les oasis des Ouled Djellal et de Sidi Khaled.

La Ligne d'Oumache à Tolga en cours de construction est appelée à desservir le Zab occidental avec son double chapelet d'oasis du Sud et du Nord ; elle devra être prolongée plus tard jusqu'à Doucen et aux Ouled Djellal.

Population

La population intéressée au projet se compose de (chiffres arrondis).

Sédentaires..............	12.000
Nomades................	68.000
Soit au total........	80.000

se partageant à peu près par moitié entre la région Oumache-Tolga et la région Tolga-Ouled Djellal.

Production et Échanges

Le pays est favorisé non seulement par une irrigation abondante provenant des puits artésiens ou des eaux superficielles recueillies au pied des montagnes, mais encore par une chute annuelle de pluies qui, quoique faible, est cependant sensiblement plus élevée que dans l'Oued Rhir. En 1913, la hauteur des précipitations atmosphériques a été de 142 m/m pour 29 m/m dans la région de Touggourt. Par suite de ces conditions meilleures, l'agriculture est en général plus variée et fournit de meilleurs rendements que dans le reste du territoire, et, grâce au développement des pâturages, l'élève du bétail donne de bons résultats.

Le palmier, que cultivent les sédentaires, constitue toujours la principale ressource des habitants, mais ceux-ci sèment également des céréales sur des surfaces assez étendues. Des arbres fruitiers et des légumes sont plantés sous les palmiers.

Quant aux nomades, ils s'adonnent à l'élevage qui est surtout florissant dans la région des Ouled Djellal, l'un des marchés de moutons les plus importants du Sud.

Les principales marchandises sur lesquelles porte le commerce des Ziban sont :

1° A *l'exportation :* les dattes, les moutons, les laines, les peaux brutes et les autres produits de l'élevage ;

2° A *l'importation :* les céréales et farines, les tissus et cotonnades, les cafés, tabacs, bougies, pétrole et divers.

Dattes. — Le nombre des palmiers existant dans la région est approximativement le suivant :

Zab du Sud	200.000
Zab du Nord	180.000
Ouled Djellal et divers	90.000

possédés par les indigènes, auxquels il convient de joindre les palmiers possédés par les européens surtout dans le Zab du Nord (Foughala, El-Amri) :

Européens............................ 70.000
soit, au total............................ 540.000

L'exportation des dattes est importante, mais elle intéresse surtout la section d'Oumache à Tolga. Sur le prolongement de Tolga aux Ouled Djellal on ne peut guère compter que sur une moyenne d'environ. 750 t..

Troupeaux. — Le second élément de la richesse des indigènes dont l'importance est comparable, sinon supérieure, à celle des dattes, est constitué par leurs troupeaux, et particulièrement par les moutons qui donnent lieu tous les ans à une exportation considérable d'environ............................ 120.000 têtes.

La plus grande partie de ces animaux continuera à être dirigée vers le Nord avec les caravanes, toutefois le prolongement de la voie ferrée jusqu'au grand marché des Ouled Djellal est susceptible de développer beaucoup les expéditions par chemin de fer. Nous ne ferons cependant état pour le moment que de la quantité moyenne qui transite en gare de Biskra, savoir..... 30.000 têtes.

Laines, peaux et divers. — Les autres produits donnant lieu à l'exportation sont beaucoup moins importants. Ils consistent principalement en laines, peaux, cuirs d'une valeur ne dépassant guère........... 400.000 francs et correspondant à un tonnage d'environ 300 tonnes provenant pour la plus grande part du marché des Ouled Djellal.

Céréales. — Aux abords des oasis, dans la plaine de Doucen à la terre excellente, aux Ouled Djellal, on cultive les céréales, blé, orge, mais les quantités produites annuellement, soit environ.......................... 700 tonnes sont insuffisantes pour l'alimentation des habitants qui demandent à l'extérieur le complément dont ils ont besoin.

En 1913, les importations de blé, orge et farines à destination des Ouled Djellal ont eté approximativement de.............................. 2.800 tonnes.

Cette quantité est inférieure aux besoins réels de la population, mais il faut considérer que pendant cinq mois de la période estivale, une grande partie des habitants se rendent dans les régions du Tell et des Hauts-Plateaux.

Divers. — En dehors des céréales, les indigènes reçoivent à l'importation des marchandises diverses telles que : cotonnades, sucre et café, savon, bougies, huiles, pétrole, tabacs, quincaillerie, etc.

Leur importance peut être évaluée en quantité à.................................... 1.600 tonnes.

Matériaux de construction. — On transporte également une certaine quantité de matériaux de construction dont le pays est complètement dépourvu : bois, fers, tuiles et briques, chaux et ciment, ainsi que du matériel de sondage, d'un tonnage approximatif de .... 1.500 tonnes.

Engrais et charbon. — Quant aux engrais, qui dans bien des cas seraient d'un précieux secours, on ne les utilise pas, non plus que la houille qui, dans les pays aménagés, entre pour un tonnage important dans le volume des transports.

Voyageurs. — Le mouvement des voyageurs, d'après les résultats des chemins de fer voisins, peut être évalué (aller et retour) à :

Européens et touristes	2.000
Indigènes..............................	7.600
Soit, au total...........	9.600

Rendement probable de la ligne

D'après les données qui précèdent et en adoptant les tarifs de la ligne de Touggourt, le produit kilométrique s'établit comme suit :

Voyageurs :

Européens et touristes...	2.000 × 0,12 =	240
Indigènes.............	7 600 × 0,06 =	456
	Au total.....	696

Animaux :

Moutons...............	30.000 × 0,01 =	300

Marchandises :

Dattes.................	750 × 0,12 =	90
Laines et peaux........	300 × 0,15 =	45
Céréales	2 800 × 0,10 =	280
Divers.................	1 600 × 0,15 =	240
Matériaux deconstruction	1.500 × 0,10 =	150
D'où pour les animaux et les marchandises...		1.105

Pour l'ensemble du trafic, la recette kilométrique s'élève donc à........................ 1.801 francs.

Avenir économique de la région des Ziban

Depuis longtemps la région des Ziban est fréquentée par les touristes. Le centre des Ouled Djellal avec sa pittoresque palmeraie sur les bords de l'Oued Djeddi ne manquera pas de les attirer dès que la voie ferrée en rendra l'accès possible. Mais, c'est surtout de l'essor de la colonisation européenne que l'on peut attendre le développement de toute la région comprise entre les montagnes du Zab et de l'Oued Djeddi. Ce coin du Sahara se trouve en effet particulièrement favorisé au point de vue de l'irrigation, soit par les eaux artésiennes, soit par celles qui proviennent des sources situées au pied des montagnes.

Aussi les concessions se multiplient-elles. Autrefois il n'existait que deux oasis cultivées par des Européens : El Amri et Foughala. Aujourd'hui, dès le commencement du plateau oriental du Zab Dahri, on voit apparaître les plantations de palmiers dues à l'initiative des Européens. Des sources ont été dégagées qui ont permis des créations importantes en voie d'extensions continues.

Les oasis de Sidi-Khaled et les Ouled Djellal sont alimentées par les eaux de l'Oued Djeddi dont les crues et les infiltrations sont utilisées. De nombreux puits à bascule ainsi qu'une vingtaine de puits artésiens peu profonds servent à irriguer les jardins. Ces puits artésiens ont amené, en ces dernières années, un développement très important des Ouled Djellal qui n'est pas à son terme.

A Doucen, où sur de très grandes étendues la terre est excellente, on ne produit encore que des céréales. Par la création de nouveaux puits ou l'aménagement des sources, les cultures paraissent susceptibles d'être considérablement étendues. On pense également que la région se prêterait d'une façon satisfaisante à l'organisation de cultures industrielles, telles que le coton et peut-être la betterave à sucre.

D'un autre côté, les rendements actuels des plantations indigènes, qu'il s'agisse des palmiers ou des céréales, sont bien loin d'atteindre les taux que l'on doit attendre d'une culture rationnelle. L'emploi des engrais chimiques permettrait d'obtenir beaucoup mieux, mais d'un côté les frais excessifs qu'entraînent les transports par chameaux ou arabas, en interdisent à peu près l'introduction, et d'autre part, il est inutile de songer à amener les indigènes à l'usage des procédés modernes de culture avant d'avoir ouvert le pays à des colons européens capables de stimuler par leur exemple la routine du paysan arabe.

Les systèmes d'irrigation et de drainage appellent également de nombreuses et sérieuses améliorations. L'eau, malgré sa rareté, est véritablement gaspillée et subit une déperdition considérable tout le long de son trajet dans des séguias dépourvues d'étanchéité. Toutes les canalisations en terre devraient être remplacées par des caniveaux en poterie ou en maçonnerie, convenablement rejointoyés, mais un progrès si simple ne peut être réalisé que lorsque les matériaux de construction pourront arriver à bon compte dans le pays, grâce à une voie ferrée.

Conditions d'établissement de la ligne

La ligne est à voie de 1 mètre. Le tracé de Tolga aux Ouled Djellal a une longueur de 56 kilomètres.

Au delà de Tolga, la ligne se dirige vers l'oasis de Foughala, passe près d'El-Amri, puis arrive à Doucen après avoir traversé une immense plaine à céréales. Plus loin et jusqu'aux Ouled Djellal, le terrain beaucoup moins facile présente d'abord l'aspect d'un plateau gypseux avec des dénivellations profondes, puis caillouteux et raviné par de nombreux oueds, affluents de l'Oued Djeddi.

Entre Doucen et les Ouled Djellal, on est obligé de recourir plusieurs fois à la rampe de 15 $^m/_m$ par mètre.

Le profil en travers présente les mêmes caractéristiques générales que celui de la ligne de Géryville avec cette différence que la voie est à écartement de 1 mètre.

Le ballast, comme sur la ligne de Touggourt, pourra

être constitué sur une partie du parcours, de Tolga à Doucen, par du gypse dur. Au delà, on aura recours à du gravier ou des galets cassés.

Ouvrages. — Les seuls ouvrages à prévoir sont nécessités par l'écoulement des eaux. Ils peuvent être répartis dans les 4 types ci-après définis :

1° *Passages d'eau ordinaires.* — Ces passages seront constitués par des buses de diamètre de 0^{m}40, 0^{m}50, 0^{m}60 ou 0^{m}80 en béton de ciment armé, type indécomposable, à riche dosage, au minimum 600 k., pour lutter contre l'influence décomposante des eaux du sous-sol. Les buses reposeront sur un lit de gravier ; les têtes et le mur en retour, s'il y a lieu. seront maçonnés en pierre sèche ; chaque fois que cela sera nécessaire, les remblais seront protégés au moyen de gabions métalliques Palvis, remplis par des galets ou des moellons. Ce système a donné de bons résultats sur la ligne de Touggourt.

2° *Ponceaux de 2 à 6 mètres d'ouverture.* — Hauteur du débouché inférieure à 1^{m} 50.

L'expérience démontre que, dans ces régions où l'on a toujours à craindre, plus ou moins, la décomposition chimique des mortiers et bétons pour des causes diverses, il y a intérêt à employer un type de ponceau permettant de racheter un tassement possible des appuis et culées. On est donc conduit sur ces ouvrages, d'ouverture comprise entre 2 mètres et 6 mètres, à placer les rails sur traverses ordinaires et la voie sur ballast ; l'emploi du ciment armé pour le tablier de ces ponceaux est donc à peu près obligé pour construire économiquement ; il présente d'ailleurs un autre avantage : on obtient avec le ciment armé un tablier monolithe et très lourd n'ayant aucune chance de déversement ou de torsion par suite de légères modifications dans les appuis. Ceux-ci pourront alors être constitués par des maçonneries en pierres sèches enfermées dans des gabions Palvis ; une couche de bois permettra d'obtenir une liaison élastique entre le tablier et les appuis. Afin d'éviter toute tendance au gonflement des parois des culées et des appuis, on pourra adopter pour ces parois l'inclinaison naturelle du talus de la pierre sèche employée.

Ce type d'ouvrage essayé sur la ligne de Touggourt a, jusqu'à présent, donné de bons résultats.

On n'a rien à craindre des décompositions chimiques ; la surveillance est aisée ; les réparations très faciles et enfin le coût d'établissement relativement minime.

Ce type sera particulièrement avantageux dans la région des Ouled Djellal où la pierre abonde.

Pour les ouvertures de 2 à 3 mètres, le tablier sera calculé pour une charge uniformément répartie ; il sera semblable dans toutes ses parties. On pourra le constituer facilement par des rails entrecroisés, noyés dans du béton.

Au delà de 2 mètres, il devient nécessaire de constituer le tablier par deux poutres sous rails supportant un hourdis ; celui-ci se relève à droite et à gauche de la voie pour retenir le ballast.

Un radier en gabions Palvis réunit les deux culées avec parafouille à l'aval.

3° *Grands radiers*. — Les oueds sans berges nettement accusées et ordinairement de grande largeur pourront être franchis sur des radiers en gabions métalliques Palvis, comme l'ont été sur la ligne de Touggourt les oueds Itel, Melah et Dokkara de 300 mètres de largeur moyenne.

Ces radiers comportent ordinairement deux murs verticaux entretoisés entre lesquels la voie est enchâssée, le rail seul faisant saillie au-dessus du niveau supérieur des murs et du lit de la rivière. Suivant la violence des crues, un parafouille est établi à l'aval, constitué par des gabions plats accolés, ou bien une surprofondeur de mur aval permet de lutter contre les affouillements.

4° *Ponts métalliques.* — Ces ouvrages seront du type ordinaire à poutres droites et tablier inférieur.

Les culées et les piles seront en maçonnerie.

Les fondations, selon la nature du terrain, pourront être en béton de ciment ou établies sur pilots.

L'évaluation des dépenses d'établissement a été faite d'après les prix obtenus pour les travaux et fournitures de même nature afférents à la ligne de Touggourt.

Sur ces bases, on peut admettre une dépense totale pour les 56 kilomètres de.................... 5.200.000 fr.
correspondant à une dépense par kilomètre de 91.872 »
soit en chiffres ronds........................ 92.000 »

Cette dernière section est donc beaucoup plus coûteuse que la section actuellement en cours de construction d'Oumache à Tolga, laquelle reviendra à environ 45.000 fr. le kilomètre ; cela tient à ce que le terrain plus accidenté, plus dur et coupé par de nombreux oueds, exige l'exécution de terrassements importants et la construction de plusieurs ouvrages métalliques d'assez grande portée.

Conditions d'exploitation

L'exploitation de la ligne pourra être assurée convenablement, comme celle de la ligne de Géryville, au moyen de trois trains par semaine dans chaque sens. La dépense paraît donc devoir être également la même, soit environ par kilomètre.......................... 2.200 fr.

Caractéristiques de la ligne

En définive, les principales caractéristiques de la ligne de Tolga aux Ouled Djellal sont les suivantes :

Largeur de la voie.............. .	1 mètre.
Longueur..........................	56 k.
Dépense de construction totale......	5.200.000 fr.
Dépense par kilomètre.............	91 872 »
Densité du trafic voyageurs.........	9.600
Densité du trafic marchandises . ..	5.450 t.
Densité du trafic animaux..........	30.000
Recette brute kilométrique.........	1.800 fr.
Dépense kilométrique d'exploitation.	2.200 »

LIGNE DE DJAMAA A GUÉMAR

Perdues au milieu des sables, les oasis du Souf avec leurs palmiers disséminés dans le creux des dunes. leurs maisons à coupoles pressées les unes contre les autres, leur population laborieuse et industrieuse, peuvent être considérées comme l'une des régions les plus curieuses de l'Algérie en même temps qu'un groupe d'une réelle activité économique, dont l'essor se trouve entravé par le manque de communications faciles et rapides avec le réseau ferré du Nord. Les débouchés du pays sont orientés vers Biskra, Khenchela, Tebessa et la Tunisie ; la ligne de Touggourt, qui est actuellement le chemin de fer le plus rapproché du Souf, n'a encore dérivé à son profit qu'une assez faible partie du trafic de la région ; sa distance, 100 kilomètres environ, est encore trop considérable pour détourner les caravanes de leurs routes traditionnelles. Son rattachement au Souf par un embranchement de Djamaa à Guémar suivant le tracé le plus court et le plus facile apporterait non seulement à la ligne de l'Oued Rhir, mais encore au réseau de l'Etat qui dessert Biskra, un appréciable supplément de recettes, donnerait une vive impulsion à la production et aux échanges dans la région desservie et faciliterait, au grand avantage des indigènes, le mouvement des touristes dans un pays dont le pittoresque et l'originalité sont destinés à exciter vivement leur curiosité.

Région et population

Les oasis du Souf, soudées les unes aux autres, forment une nappe continue de palmiers de Guémar à Amiche avec ramifications sur Ourmès, Sidi-Aoun et Debila, constituant ainsi un groupe compact d'une trentaine de kilomètres de diamètre, isolé dans l'immense territoire de l'annexe d'El Oued dont la superficie ne comprend pas moins de........................ 8.800.000 hectares.

La population s'élève en chiffres ronds à 48.000 habitants, en majorité sédentaires, occupant les oasis et cultivant les palmiers, tandis que les nomades rayonnent avec leurs troupeaux dans les pâturages sahariens, mais avec une tendance croissante à abandonner l'élevage pour se fixer à leur tour, en particulier dans la partie comprise entre le Souf et le Djerid tunisien, où les palmeraies sont sans cesse en développement.

Production et Échanges

La principale production du pays est la datte dont la qualité est renommée et rivalise avec celle des deglet nour de l'Oued Rhir.

A Guémar et à Tarzout on cultive également le tabac, mais les plantations déclinent depuis que l'Administration des monopoles tunisiens a cessé l'achat de feuilles destinées à la confection du tabac à priser.

La production des nomades consiste en moutons, peaux, laines, poils de chameaux ou de chèvres

La seule industrie qui existe au Souf, d'un caractère essentiellement familial, consiste dans la confection des tapis, des burnous et des haïcks. Elle est très développée. Ses produits sont appréciés. Elle procure un notable appoint aux ressources des indigènes.

Les maçons du Souf sont habiles. Le pays fournit également de nombreux travailleurs, 2.000 environ, aux mines de phosphate de Metlaoui, près de Gafsa.

Le trafic de la région est en partie attiré vers la Tunisie

par des relations commerciales d'ancienne date avec Gabès, le Djerid et Gafsa ; quelques caravanes fréquentent Ghadamès, d'autres se rendent à Tebessa, Khenchela et Biskra ; quelques-unes commencent à venir à Djamaa, la station la plus rapprochée de la ligne de Touggourt.

Les principales marchandises qui font l'objet de leurs échanges sont :

A l'exportation : les dattes, le tabac, les moutons et produits de l'élevage, les tapis, burnous et haïcks.

A l'importation : les céréales et farines, les cotonnades, la laine nécessaire aux fabrications du pays, les sucres, thés et cafés, l'épicerie, la quincaillerie.

Dattes. — Le nombre des palmiers en plein rapport est, en chiffres ronds, de 300.000

D'après les bases que nous avons précédemment admises, on peut évaluer :

leur production à.............. 6.000 tonnes
d'une valeur de................ 1.500.000 francs

comprenant :

la consommation locale, soit. .. 3.600 tonnes
d'une valeur de................ 900.000 francs

et l'excédent disponible pour l'exportation, soit...................... 2.400 tonnes
d'une valeur à la sortie de.......... 672.000 francs

Tabac. — La production des feuilles de tabac est tout entière exportée. Elle a sensiblement diminué depuis que la Tunisie a cessé ses achats à Guémar. On peut l'évaluer en moyenne à...................... 100.000 kgs
d'une valeur de...................... 200.000 francs

Moutons. — Les troupeaux sont la principale richesse des nomades. Les moutons donnent lieu tous les ans à une exportation moyenne d'environ... 4.000 têtes
d'une valeur approximative de........ 60.000 francs

Produits divers. — Le pays exporte peu de laine, celle-ci est généralement conservée pour la confection des burnous et tapis. Les habitants en achètent même une certaine quantité aux nomades des régions voisines.

L'industrie est en effet assez développée dans les villes du Souf et ses produits, burnous, haïcks, tapis, étoffes diverses, donnent lieu tous les ans à un commerce important que l'on peut évaluer approximativement à :

En quantité.................. 200 tonnes
En valeur..................... 1.000.000 francs

Grains et farines. — La nature du sol, le régime des pluies, le manque d'eau supercielles, ne permettent pas la culture des céréales. Les ksouriens se bornent à ensemencer quelques carrés d'orge dans leurs jardins de palmiers pour la faire consommer en vert par leurs animaux. Tout ce qui est nécessaire aux besoins des habitants vient des Hauts-Plateaux, en particulier de la région de Tebessa-Khenchela.

Les quantités à importer à cet effet peuvent être évaluées à .... 5.000 tonnes
d'une valeur à l'entrée de .... 1.000.000 francs

Marchandises diverses. — Après les céréales, les principaux articles d'importation sont :

les sucres et cafés, l'épicerie, les comestibles,
les tissus et cotonnades,
la quincaillerie et divers,

en provenance de Constantine, Tunis, Alger et Gabès.

Leur importance peut être évaluée à :

En quantité.................. 2.000 tonnes
En valeur..................... 1.600.000 francs

Commerce de transit. — Il existe, enfin, un commerce de transit assez important auquel donnent lieu les échanges de marchandises de diverse nature venues de la Tripolitaine ou du Soudan avec les produits du Nord. Ce commerce peut être évalué au total :

En quantité à................	2.000 tonnes
En valeur à..................	2.000.000 francs

En résumé, d'après ce qui précède, le tableau des échanges dans la région à desservir peut être établi de la manière suivante :

EXPORTATIONS :

Dattes...........................	2.400 tonnes
Tabac...........................	100 —
Produits divers (élevage, industrie).	200 —
Soit au total................	2.700 tonnes
Moutons.........................	4.000 têtes

représentant pour l'ensemble de l'exportation une valeur de.............................. 1 932.000 francs

IMPORTATIONS :

Grains et farines.................	5.000 tonnes
Divers..........................	2.000 —
Soit au total..............	7.000 tonnes

représentant une valeur de.......... 2.600.000 francs

TRANSIT :

Quantité	2.000 tonnes
Valeur.......................	2.000.000 francs

Les importations sont sensiblement supérieures aux exportations ; une partie des importations est en effet payée par les économies réalisées par les gens du Souf qui travaillent en dehors du pays.

Au total, le mouvement commercial, transit compris, peut être évalué à :

Marchandises diverses........	11.700 tonnes
Animaux....................	4.000 —
d'une valeur globale de.............	6.532.000 francs

Ce courant qui se divise actuellement entre l'Algérie et la Tunisie pourrait être canalisé à peu près entièrement sur l'Algérie en même temps que sensiblement accru, le jour où une voie ferrée ira le recueillir au centre même du Souf.

Voyageurs. — Le mouvement des voyageurs, calculé d'après les résultats obtenus sur la ligne de Touggourt, peut être évalué pour les deux sens à un minimum de :

20 % de 48.000, soit.............. 9.600

Quant aux touristes leur nombre peut être fixé, comme nous le verrons tout à l'heure à........... 3.400

Rendement probable de la ligne

D'après les éléments qui précèdent et en y appliquant les tarifs de la ligne de Touggourt, le produit kilométrique de la ligne s'établit comme suit :

VOYAGEURS :

Européens et touristes (1re et 2e cl.)	3.400 × 0,12 =	408 fr.
Indigènes..................	9.600 × 0,06 =	576 »
Total pour les voyageurs....		984 fr.

MARCHANDISES :

Dattes...................	2.400 × 0,12 =	288 fr.
Graines et farines........	5.000 × 0,10 =	500 »
Marchandises diverses y compris transit........	4.300 × 0,15 =	645 »
Moutons................	4.000 × 0,01 =	40 »
Total pour animaux et marchandises		1.473 fr.

Pour l'ensemble, la recette kilométrique s'élève donc à 2.457 francs.

Ce rendement est à rapprocher de celui de la ligne de Touggourt qui a atteint en 1915 le chiffre de 2.890 francs et de celui de la ligne de Metlaoui à Tozeur qui, la même année. a été de 2.820 francs.

Il devrait assez rapidement se mettre au même niveau, lequel d'ailleurs doit être considéré comme très bas et susceptible de notable accroissement dès que les circonstances deviendront plus favorables.

Avenir économique du Souf

Dans l'oued Rhir, l'eau nécessaire à l'arrosage des palmiers provient de nappes souterraines à grande profondeur et sous pression, amenées au niveau du sol au moyen de puits artésiens. L'eau recueillie et distribuée dans des séguias est dirigée sur les surfaces à irriguer. Au Souf, les conditions de la culture sont tout à fait différentes, la nappe à utiliser n'est pas jaillissante et ne se trouve pas à une profondeur supérieure à une dizaine de mètres. Dans ces conditions, au lieu d'élever l'eau, les indigènes préfèrent aller jusqu'à elle et creuser dans l'intervalle des dunes qui parsément le pays, de larges entonnoirs au fond desquels sont plantés leurs palmiers au contact immédiat de l'eau sous jacente. Les déblais accumulés sur les rebords, forment une sorte de bourrelet sur lequel des haies de branches sèches sont fixées pour arrêter les sables, que soulèvent les vents violents de la région. Malgré ces précautions, des quantités considérables de sable viennent déferler au fond des jardins, de sorte que, si les Souafa n'ont pas à arroser leurs palmiers dont le pied plonge dans l'eau même, ils sont constamment obligés de désensabler leurs jardins. Dans le Souf proprement dit, c'est-à-dire dans toute la série des oasis qui se succèdent de Guémar à Amiche, ce travail est très pénible par suite de la profondeur des entonnoirs qui atteignent souvent une dizaine de mètres et de la masse des dunes qui entourent les palmeraies.

Aussi l'accroissement des jardins est-il limité; la plantation de trois ou quatre rejetons est tout ce que peut faire une famille au bout d'un an de travail; mais il n'en est pas de même dans les dépendances du Souf au Nord et au Nord-Est à Reguibi, Sidi-Aoun, Drimini et surtout Debila et El Ghout, où la nappe d'eau n'est pas à plus de 5 mètres, 3 mètres et même 2 mètres du sol, et où le terrain lui-même est beaucoup plus dégagé de dunes. Autrefois la culture était rendue impossible dans ces régions par les incursions constantes des nomades tunisiens; depuis que la France y a apporté la sécurité, les plantations d'abord entreprises timidement n'ont cessé de se développer. En ce moment, tous sans distinction de tribus y travaillent avec ardeur. Des villages entiers créés par les nomades se multiplient et prospèrent. C'est dans l'extension de ces plantations donnant une datte excellente, rivale de celle de l'Oued Rhir, que réside l'avenir économique du Souf. Il s'annonce splendide et l'on peut prévoir qu'assez prochainement la forêt de palmiers s'étendra en une masse continue du Souf au Djerid tunisien.

La création d'une voie ferrée accélèrerait considerablement ce mouvement en apportant au Souf les engrais dont le manque se fait vivement sentir et en assurant à sa production l'écoulement facile et rapide dont elle a besoin.

L'essor du pays dépend non seulement du développement que recevront les palmeraies du côté de la Tunisie, mais encore de l'attrait qu'il exercera sur les touristes. Avec l'Oued Rhir et le Mzab, le Souf est certainement l'une des régions les plus originales de l'Algérie et sur laquelle se dirigera le plus volontiers le flot des touristes, curieux de sites nouveaux. Tous ceux qui visiteront Touggourt y viendront, et on peut même prévoir qu'un courant de caravanes s'établira entre Tozeur et El-Oued amenant au Souf un supplément de passagers dont bénéficieront par surcroît Touggourt et Biskra. Nous avons déjà insisté sur les avantages que présente pour les pays traversés un semblable mouvement. Ici, l'intérêt est d'autant plus considérable que le Souf, comme on vient de le voir, est le centre d'une industrie de tapis déjà prospère qui ne pourra que gagner au passage de visiteurs étrangers.

Avec l'appoint de la Tunisie, on peut estimer que le nombre de touristes qu'un chemin de fer attirera au Souf sera dans les deux sens au moins égal à celui qui a été admis pour l'Oued Rhir, savoir............ 3.400

Conditions d'établissement

Le projet technique de la ligne n'a pas été encore établi. La plus grande difficulté que l'on rencontre sur le parcours de Djamaâ à El-Oued réside dans la présence de dunes que l'on rencontre d'abord entre les kil. 70 et 82, et ensuite entre Guémar et El-Oued. Les premières n'ont guère plus de 5 mètres de hauteur et reposent sur un sol peu accidenté; on peut en avoir raison au moyen de terrassements assez importants, plaçant la plate-forme à hauteur des plus fortes dunes. L'obstacle n'est aucunement infranchissable. Les terrassements peuvent d'ailleurs être constitués au moyen de sable recouvert d'une couche légère de gypse que l'on rencontre en sous-sol sur tout le parcours. Ce dispositif sera suffisant pour protéger la plate-forme contre les détériorations causées par le vent qui souffle souvent avec violence dans la région. Il y aura également intérêt à créer des plantations sur toute la bande de dunes qui longe la voie ferrée. A une certaine profondeur les dunes qui constituent des réservoirs pour les eaux pluviales sont presque toujours humides. Le tamarin et beaucoup d'essences, en particulier le saxaoul qui a été utilisé avec succès par les Russes le long de la ligne transcaucasienne dans une région analogue, s'y développent d'une façon très satisfaisante.

Le second passage de dunes entre Guémar et El-Oued se compose de monticules sableux plus élevés, lesquels coïncident avec un terrain montueux. Le franchissement de ces dunes conduirait à des travaux extrêmement coûteux. Il nous paraît préférable d'y renoncer et d'arrêter la voie ferrée à Guémar qui est d'ailleurs le véritable centre commercial du Souf et le point de départ de toute la série des palmeraies qui se propagent dans la direction de la Tunisie. C'est de Guémar que doit se poursuivre le prolongement ultérieur sur Nefta et Tozeur. El-Oued n'est d'ailleurs distant de Guémar que de 16 kilomètres. Un petit tramway à voie de 0,60 permettra facilement, si l'on en reconnaît l'utilité, de relier les deux localités. La distance de Djamaâ à Guémar est d'environ..... 93 k.

Malgré l'importance des terrassements à la traversée des dunes, la ligne ne paraît pas devoir être coûteuse. Ces terrassements, exécutés d'ailleurs en grande partie avec du sable, peuvent en effet être obtenus assez facilement; en outre, grâce à la nature sablonneuse du sol dans une région où la chute annuelle d'eau ne dépasse guère 14 à 20 m/m, il n'y a pour ainsi dire pas d'ouvrages à prévoir.

Dans ces conditions, le coût de la ligne peut être évalué, par kilomètre, matériel roulant compris, à 50.000 fr. soit au total pour les 93 kilomètres..... 4.650.000 fr.

Conditions d'exploitation

On ne trouve de l'eau en quantité suffisante qu'à Djamaâ et Guémar, aux deux extrémités de la ligne. Il y aurait intérêt à rechercher de l'eau artésienne vers le milieu du parcours. Toutes les eaux de la région sont de mauvaise qualité et nécessitent des épurations comme sur la ligne de Touggourt, ce qui complique l'exploitation. Il serait à désirer que sur de semblables lignes on puisse recourir à l'emploi de moteurs à hydrocarbure. Quoi qu'il en soit, malgré cette difficulté, et en raison de ce que le trafic sera uniquement concentré aux deux extrémités du parcours, l'exploitation ne sera pas plus coûteuse que sur la ligne de Touggourt. Les frais qu'elle entraînera resteront compris entre 2.400 et 2.500 francs par kilomètre et seront dès lors couverts par les recettes.

Caractéristiques de la ligne

En définitive les principales caractéristiques de la ligne de Djamaâ à Guémar sont les suivantes :

Largeur de la voie............	1 mètre.
Longueur de la ligne.........	93 kilomètres.
Dépense de construction.......	4.650.000 fr.
Dépense par kilomètre........	50 000 fr.
Densité du trafic voyageurs....	13.000.
Densité du trafic marchandises.	11.700 t.
Recette brute kilométrique	2.457 fr.
Dépense kilométrique..........	2.457 fr.

LIGNE DE TOUGGOURT A OUARGLA

Région desservie

Le chemin de fer dessert sur son parcours tout d'abord la pittoresque oasis de Temacine avec l'importante zaouïa de Tamellat à une douzaine de kilomètres de Touggourt, puis le groupe de Blidet Amor et d'El Goug ; à moitié chemin, et à 15 et 20 kilomètres sur la droite de la voie ferrée, les oasis des Saïd Oulad Amor : El Hadjira et El Alia, que leur situation dans un pays accidenté et parsemé de dunes a dû laisser en dehors du tracé ; et enfin les grandes palmeraies d'Ouargla et de Ngoussa.

Le chemin de fer servira également de débouché direct à nos postes du territoire des oasis : El-Goléa à 290 kilomètres et In-Salah à 660 kilomètres d'Ouargla qui sont déjà rattachés à ce dernier point par une ligne de courriers réguliers.

Population

La population, pour Ouargla et ses dépendances, s'élève en chiffres ronds à........................ 48.000 h.

Les riches commerçants du M'zab qui ne trouvent pas dans la culture de leur sol natal des ressources suffisantes à leur alimentation, sont propriétaires de nombreux jardins à Ouargla. Ils sont donc également intéressés à la construction de la voie ferrée.

Production et échanges

Comme dans l'Oued Rhir, les principales ressources de la région se composent des dattes que cultivent les sédentaires, et des troupeaux que font pâturer les nomades. Dans certaines oasis, en particulier au Tidikelt et dans le Bas Touat, on plante également des céréales, mais ces cultures faites dans des terrains insuffisamment irrigués, non amendés par une fumure rationnelle, ne produisent qu'une récolte relativement faible, destinée à la consommation locale. Les dattes en excédent et les moutons sont échangés sur les marchés du Nord contre des céréales, et denrées diverses dont le commerce donne lieu à un important mouvement de caravanes entre les postes du Sud.

Dattes. — Le nombre des palmiers existant dans les divers centres de production que dessert le chemin de fer est approximativement le suivant :

Temacine et Saïd Oulad Amor	300.000
Ouargla	900.000
El-Goléa	30.000
In-Salah	320.000
Ghardaïa	200.000
Soit au total	1.750.000

Ces palmiers sont arrosés directement, comme à El Hadjira et à El Alia, au moyen des eaux de la nappe superficielle que l'on peut atteindre en plantant les arbres au fond d'entonnoirs suffisamment profonds ; mais le plus souvent l'irrigation est obtenue par des puits artésiens d'une profondeur variant de 70 à 120 mètres. A Temacine, Ouargla, El-Goléa, le nombre de ces puits dépasse.. 400 d'un débit total de plus de 200.000 litres à la minute.

A El-Goléa, la récolte est trop peu importante pour donner lieu à un trafic sensible.

A In-Salah, l'excédent, non consommé sur place, de la production est vendu aux caravanes d'arabes ou de touaregs pour l'alimentation des nomades du Sahara, ou est employé sous forme de « bella », dattes vertes non arrivées à maturité, pour la nourriture des animaux.

A Temacine et à Ouargla, on cultive la deglet nour, datte fine susceptible d'être exportée en Europe ; mais la plus grande partie de la récolte, surtout à Ouargla se compose de dattes communes, rhars ou deglet beïda, à l'usage des indigènes, lesquelles font également l'objet d'un certain trafic avec le Tell, où elles sont échangées contre des grains.

Une partie de l'exportation est dirigée sur Ghardaïa. Celle qui pourrait bénéficier de la voie ferrée peut être évaluée à .... 4.000 tonnes

Moutons. — Une grande partie des moutons continuera à suivre les caravanes pour se rendre dans le Nord. Le chiffre des expéditions par chemin de fer ne semble pas devoir dépasser 10.000

Grains et farines. — Les oasis d'In-Salah et d'El-Goléa vivent à peu près sur leur production. Les autres produisent très peu de céréales. Les quantités à demander à l'importation, en y comprenant une partie de l'approvisionnement du M'zab, semblent pouvoir être fixées à .... 7.200 tonnes

Marchandises diverses. — L'ensemble des autres marchandises appelées à profiter de la voie ferrée peut être évalué en quantité à .... 3.600 tonnes

Voyageurs. — D'après les bases admises antérieurement, le mouvement des voyageurs à distance entière et dans les deux sens sera, pour les indigènes, d'environ 5.400

Quant aux touristes et aux colons, on peut compter sur un nombre de 1.250

Rendement probable de la ligne

Sur ces données, le rendement probable, déterminé comme nous l'avons fait précédemment, sera le suivant :

Voyageurs :

Européens et touristes.....	1.250 × 0,12 =	150 fr.
Indigènes................	5.400 × 0,06 =	324 »

Marchandises :

Dattes..................	4.200 × 0,12 =	504 »
Grains..................	7.200 × 0,10 =	720 »
Divers..................	3.600 × 0,15 =	540 »
Animaux................	10.000 × 0,01 =	100 »

Soit au total une recette brute kilométrique de. 2.338 fr.

Avenir économique de la région

Dans l'éloignement et l'isolement où végète actuellement Ouargla, les habitants de cette pittoresque contrée ne peuvent espérer aucune amélioration aux conditions précaires de leur existence en dehors de l'établissement d'un chemin de fer qui les relierait par Touggourt au réseau ferré du Nord. Séparée des régions en cours de colonisation de l'Oued Rhir, par une zone désertique de 150 kilomètres, cette magnifique et immense palmeraie ne constitue au milieu de l'océan saharien, qu'un îlot verdoyant et ignoré. Les difficultés et la longueur des communications ont jusqu'ici rendu impraticable le voyage d'Ouargla et ont fermé cette oasis et ses annexes à toute entreprise de régénération de la part de nos compatriotes, même les plus audacieux. Seule, une voie ferrée est capable de triompher de ces obstacles et d'attirer dans la région non seulement les capitaux et les travailleurs qui lui manquent, mais aussi surtout les chefs de culture et d'entreprise indispensables pour diriger judicieusement toute œuvre sérieuse de mise en valeur ayant en vue, soit l'amélioration grandement désirable des palmeraies existantes, soit l'acclimatation qui semble possible de cultures nouvelles et rémunératrices.

C'est également le chemin de fer qui amènera à Ouargla les touristes comme il les attirera au Souf et au M'zab. Nous ne pourrions que nous répéter en insistant à nouveau sur les bienfaits qu'un semblable afflux procurera à toutes ces populations du Sud encore si déshéritées.

Cet afflux pourra être considérable si, grâce à la création de pistes pour automobiles d'ailleurs faciles à établir, Ouargla peut espérer devenir le centre du grand tourisme saharien et en particulier le point de départ des voyages sur In-Salah, le Hoggar, Tombouctou et le Niger.

Conditions d'établissement

La ligne de Touggourt à Ouargla est à voie d'un mètre comme celle de Biskra à Touggourt dont elle n'est que le prolongement. Au sortir de la gare, elle traverse l'oasis de Touggourt, puis suit la piste actuelle du courrier et la ligne télégraphique jusqu'à Hassi Mamar (k. 77.600) après avoir cotoyé les oasis pittoresques de Temacine, Tamellat, et Blidet Amor, dernières ramifications de l'Oued Rhir. A partir de Blidet Amor, le terrain change d'aspect; les sables deviennent plus abondants, formant des monticules parsemés de la rare végétation saharienne. A Hassi Mamar, le tracé passe à 15 kilomètres de la curieuse oasis d'El Hadjira, creusée dans les sables, qu'une ceinture de dunes et un terrain accidenté, ne permettent pas de desservir directement. A partir de ce même point, le tracé fait un coude vers le Sud de façon à éviter le grand massif de sable d'El Arifidji et surtout la région des grandes dunes qui s'étendent d'El Bour et Ngoussa jusqu'à Ouargla, et se dirige presqu'en ligne droite sur un immense plateau de reg, déjà reconnu autrefois par la mission Choisy, pour venir aborder Ouargla par le Sud, après avoir décrit un vaste demi-cercle autour du promontoire Sud des dunes d'Arifidji.

Entre Touggourt et Blidet Amor (k. 23.400), le tracé se développe à travers une région habitée tout à fait semblable à l'Oued Rhir et présentant par conséquent certaines ressources au point de vue du ravitaillement en vivres et en eau. L'organisation des chantiers ne se heurte donc à aucune difficulté supérieure à celles rencontrées dans la construction de la ligne de Touggourt. Mais au delà de l'oasis de Blidet Amor (k. 23.400), le tracé ne rencontre plus jusqu'à Ouargla (k. 167), sur une longueur de 144 kilomètres, aucun centre habité, aucune oasis, et seulement trois puits ne donnant qu'une eau peu abondante, extrêmement chargée en sels minéraux, aussi impropre à la consommation des hommes qu'à l'alimentation des machines. Les conditions du pays changent totalement et imposent dès lors pour la conduite des opérations une organisation spéciale dont les caractéristiques seront les suivantes :

1° Par suite de l'absence de main-d'œuvre dans la région traversée et de l'inaptitude de celle que l'on pourrait rencontrer dans l'Oued Rhir, tous les travailleurs dont on aura besoin devront être amenés du Tell. A défaut de Marocains qui viennent plus rarement en Algérie depuis qu'ils trouvent du travail chez eux, on aura recours aux Kabyles, aux Italiens, aux Tripolitains, ou encore aux détenus militaires, dont le rendement est satisfaisant ;

2° Les ravitaillements ne sont possibles que par la voie ferrée en arrière. La pose de voie et le ballastage devront donc suivre immédiatement le chantier de terrassements. Tous les chantiers doivent marcher parallèlement, le chantier de pose réglant la vitesse d'avancement des autres. Or, pour un effectif déterminé de travailleurs, le chantier de pose a une vitesse régulière et, dans une certaine mesure, également le chantier de ballastage, tandis que la progression du chantier de terrassements est variable suivant le cube et la consistance des terres à remuer. On devra donc établir un certain équilibre entre le ballastage et les terrassements de manière à maintenir uniforme la progression de l'ensemble ;

3° Par suite de la difficulté d'alimentation en eau des machines, il faudra abandonner résolument la traction à vapeur et recourir pour la remorque des trains à l'emploi de locotracteurs, actionnés au moyen de moteurs à explosions et faisant usage comme combustible, soit de pétrole, soit d'huiles lourdes ou de naphtaline. Ces engins sont passés du domaine de la théorie dans celui de la pratique. Un locotracteur de ce genre de 75 chevaux avec moteur à naphtaline a été essayé avec succès par le Creusot ; un modèle plus puissant de 200 chevaux est à l'étude et conviendrait parfaitement pour la ligne d'Ouargla.

La nature du sol presque partout sableux et l'existence de vents violents soulevant le sable et le déposant dans les tranchées, obligent à maintenir la plate-forme en remblai sur la presque totalité du parcours. Cette nécessité conduit sur de longues étendues à des terrassements très importants. Entre les kilomètres 30 et 100, le pays traversé est constitué par des ondulations parallèles de nebkra (terrain de dunes avec végétation saharienne) séparées par des fonds de sebkra (terrain de chott ensablé) ; la profondeur de ces fonds par rapport au point haut des ondulations varie de 3 à 8 mètres. Sur tout ce parcours, le rail va d'une crête à l'autre et tous les fonds doivent être remblayés. Du k. 50 au k. 64, sur 14 kilomètres, le cube moyen par mètre est de 19 mètres cubes et atteint 40 m. c. en certains points.

Dans l'ensemble le cube moyen par mètre ressort à .... 6 mc 700 alors que pour la ligne de Touggourt il n'a pas dépassé 3 mc. 200.

Les terrassements sont donc en moyenne plus de deux fois plus importants.

Les chantiers de pose de voie et de ballastage devront suivre immédiatement les terrassements et ne pas en être séparés de plus de 2 à 3 kilomètres au maximum. La voie devra donc être posée sur une plate-forme non encore tassée, ce qui ne laissera pas de présenter quelques inconvénients dans les sections assez étendues à fort remblai, bien que le tassement doive être assez faible avec des remblais composés de terres gypseuses et sableuses. Sur ces parcours, il sera nécessaire d'augmenter au moins provisoirement le nombre des traverses.

Le meilleur ballast que l'on puisse rencontrer dans la région est le gypse, mais il est beaucoup plus mélangé de sable que sur la ligne de Touggourt. On sera obligé de se contenter de ce ballast trouvé sur place, car on ne peut songer à en faire venir un meilleur de Biskra, ce qui serait extrêmement coûteux et ce qui retarderait considérablement la construction. Les améliorations ultérieures, si elles sont reconnues nécessaires, ne pourront être faites que par renouvellement une fois la ligne construite.

L'emploi de ce ballast conduira à alourdir la voie en

même temps qu'il sera bon d'augmenter la surface frottante des traverses.

Cette région est celle de l'Algérie où il pleut le moins. La hauteur annuelle des eaux pluviales n'est en général que de quelques millimètres, 5 à 10. Dans les années les moins sèches, elle s'élève à 40 $^m/_m$. Dans ces conditions, on peut se borner à ne prévoir d'ouvrages que sur la première partie du trajet de Touggourt à Blidet Amor, ainsi qu'à l'arrivée à Ouargla pour l'écoulement des eaux d'irrigation, provenant des puits artésiens. Ces ouvrages seront constitués par de simples buses en ciment armé de diamètre correspondant à l'importance des séguias à traverser.

La région est tout à fait dépourvue des matériaux ordinaires de construction. On devra recourir pour les maçonneries aux méthodes déjà usitées sur la ligne de Touggourt; fondations en mekloub de Touggourt (gypse siliceux) ou moellons de Biskra et chaux grasse, élévation en moellons de gypse dur hourdés au plâtre hydraulique spécial que l'on rencontre à Ouargla et dénommé timchent, avec lequel on obtient des constructions solides. On peut également pour les élévations employer du béton de timchent.

L'évaluation des dépenses d'établissement d'après les prix obtenus pour les travaux et fournitures de même nature afférents à la ligne de Touggourt, fait ressortir le montant de la ligne à .... 8.500.000 fr.
soit par kilomètre à 50.898 20
ou en chiffres ronds .... 51.000 fr.

Conditions d'exploitation

Comme nous en avons fait la remarque plus haut, les locomotives à vapeur ordinaires ne conviennent pas dans un pays où l'eau est rare et imprégnée de sels minéraux qui la rendent impropre à l'alimentation des machines. Il n'y a d'ailleurs aucun inconvénient à les abandonner, puisqu'actuellement, à la suite d'essais concluants, il est possible d'envisager leur remplacement par des locotracteurs, mûs au moyen de moteurs à explosions.

Cette substitution présente d'ailleurs de nombreux avantages que l'on peut résumer ainsi :

1° Au point de vue de la construction : suppression de très coûteuses installations d'eau, réservoirs, grues hydrauliques, épurateurs, canalisations, puits artésiens à grande profondeur.

Diminution considérable des approvisionnements de combustible.

Remises plus petites.

2° Au point de vue de l'exploitation : grâce à l'emploi envisagé de la naphtaline, les dépenses de combustible ne seront pas supérieures à celles de la machine à vapeur.

Suppression des mécomptes à redouter avec la vapeur.

Suppression de la fumée et des flammèches dangereuses.

Réduction sensible du poids mort constitué par l'approvisionnement en combustible et en eau (10 tonnes environ).

Réduction du personnel de conduite ; un agent au lieu de deux sur les machines.

Suppression du temps de chauffe ; mise en marche immédiate, ce qui est important pour les secours dans ces régions à longs parcours sans gares.

3° Au point de vue de l'entretien : entretien simplifié ne portant que sur des organes mécaniques.

Suppression des nettoyages quotidiens et des lavages.

Dans ces conditions les frais d'exploitation ne seront certainement pas supérieurs à ceux de la ligne de Touggourt et paraissent devoir rester compris entre 2.000 et 2.500 francs, par kilomètre, équilibrant à peu près les recettes que nous avons évaluées à .... 2.338 francs

Caractéristiques de la ligne

En définitive, les principales caractéristiques de la ligne de Touggourt à Ouargla sont les suivantes :

Largeur de la voie	1 mètre.
Longueur de la ligne	167 km.
Dépense de construction totale..	8.500.000 fr.
Dépense par kilomètre	50.898 fr.
Densité du trafic voyageurs	6.650.
Densité du trafic marchandises..	15.000 t.
Recette brute kilométrique.....	2.338 fr.
Dépense kilométrique..........	2.338 fr.

En terminant il convient de remarquer que cette ligne présente, comme celle de Géryville, l'avantage de comprendre à son origine de Touggourt à Blidet Amor, une section de 23 kilomètres qui traverse une région facile et peuplée, ayant un trafic propre et qui, à défaut de crédits suffisants pour réaliser du premier coup l'ensemble du projet, pourrait d'abord être construite et exploitée, et dont la recette, certainement supérieure à la moyenne de la ligne, laisserait un produit net. Il serait donc possible de construire la ligne en deux étapes.

CHAPITRE V

ORDRE D'URGENCE DES LIGNES. VOIES ET MOYENS D'EXÉCUTION. CONCLUSIONS

Classement des lignes par ordre d'urgence

L'examen séparé des diverses lignes projetées pour la mise en valeur des Territoires du Sud nous a conduit à la détermination d'un certain nombre d'éléments caractéristiques destinés à mettre en relief leur degré d'utilité et de productivité. Nous avons groupé ces éléments dans le tableau comparatif ci-dessous :

CARACTÉRISTIQUES des LIGNES	BOUKTOUB GÉRYVILLE	DJELFA LAGHOUAT	LAGHOUAT GHARDAIA	TOLGA OULED DJELLAL	DJAMAA GUÉMAR	TOUGGOURT OUARGLA
Largeur de la voie.	$1^{m}055$	$1^{m}055$	$1^{m}055$	$1^{m}00$	$1^{m}00$	$1^{m}00$
Longueur de la ligne	100 k.	110 k.	100 k.	56 k.	93 k.	167 k.
Dépense de construction totale...	5.000.000	9.000.000	16.500.000	5.200.000	4.650.000	8.500.000
Dépense de construction par km..	(1) 40.000 (2) 54.200	81.818	86.842	91.872	50.000	50.898
Densité du trafic voyageurs.......	8.220	16.000	9.760	9.600	13.000	6.650
Densité du trafic marchandises....	(1) 20.600 (2) 13.100	15.900	8.800	5.450	11.700	15.000
Recette brute par kilomètre........	(1) 2.850 (2) 2.200	3.113	1.732	1.800	2.457	2.338
Dépense d'exploitation par km.....	2.200	2.500	2.200	2.200	2.457	2.338
Produit net ou déficit............	650	387	— 468	— 400	»	»

(1) Pour la section Bouktoub-Alfaville. (2) Pour la section Alfaville-Géryville.

La simple lecture de ce tableau montre immédiatement que les deux lignes proportionnellement les plus coûteuses, savoir :

La ligne de Laghouat à Ghardaïa, dont le prix de revient au kilomètre s'élève à .... 86.842 fr.
et celle de Tolga aux Ouled Djellal, dont le kilomètre est évalué...................... 91.872 »
sont également les moins productives, puisque leurs recettes kilométriques brutes, respectivement de 1.732 et de 1,800, sont sensiblement inférieures à celles des autres lignes et sont insuffisantes pour couvrir les frais d'exploitation évalués cependant au taux le plus bas. La construction relativement onéreuse de ces deux lignes aurait donc pour effet de grever le budget des Territoires du Sud d'une charge d'emprunt élevée, que viendrait encore aggraver, au moins dans les premières années, un notable déficit d'exploitation. Les modestes ressources du Sud ne permettent pas de courir de semblables risques. Il convient donc d'écarter pour le moment la réalisation de ces deux projets, dont le tour viendra lorsque les tronçons principaux : Djelfa-Laghouat, Biskra-Tolga, ayant prospéré, donneront des produits nets suffisants pour couvrir éventuellement les charges d'emprunt, ou tout au moins les déficits d'exploitation de leurs prolongements dans le Sud. Cet ajournement est d'ailleurs justifié par le moindre degré d'utilité que présentent les deux lignes envisagées et que mesure la densité du trafic, soit en voyageurs, soit en marchandises. Cette dernière en particulier est sensiblement inférieure à celle que l'on obtient sur les autres lignes projetées. Dans ces conditions, la création de ces voies ferrées ne paraît aucunement indispensable, d'autant mieux que, dans les deux directions dont il s'agit, il existe des pistes carrossables que fréquentent déjà, dès

maintenant, non seulement les voitures et charrettes, mais encore les automobiles. Les transports rapides des voyageurs et du courrier sont donc très convenablement assurés. Ils le seront mieux encore lorsque le rail atteindra Laghouat d'un côté, Tolga de l'autre. Cette amélioration qui constituera pour Ghardaïa et les Ouled Djellal un progrès considérable est suffisante pour le moment. Nous estimons, en conséquence, qu'il convient de classer en deuxième urgence les deux lignes de Laghouat à Ghardaïa et de Tolga aux Ouled Djellal.

Nous ne retenons donc en première urgence que les quatre lignes suivantes :

Bouktoub-Géryville,
Djelfa-Laghouat,
Djamaâ-Guémar,
Touggourt-Ouargla,

qui couvrent à peu près leurs frais d'exploitation. L'une d'entre elles, celle de Djelfa à Laghouat, laisse même un produit net sensible. Par contre, son prix de revient au kilomètre, tel qu'il ressort des évaluations du Service des Ponts et Chaussées, est notablement plus élevé que celui des trois autres lignes. Néanmoins, son utilité, qui ressort des chiffres afférents à la densité de son trafic, la classe manifestement en première ligne, d'autant plus qu'il n'est pas admissible que Laghouat, centre administratif du territoire de Ghardaïa, en même temps que centre commercial de la zone saharienne au sud d'Alger, reste plus longtemps dépourvu de voie rapide de communications, alors que les deux chefs-lieux des deux territoires voisins sont depuis longtemps reliés par le chemin de fer à Oran et à Constantine. Nous mettrons donc la ligne de Djelfa à Laghouat en tête du programme à réaliser.

A considérer les chiffres de leur trafic et de leurs

recettes, les trois lignes restantes se présentent à peu près au même rang d'utilité. Leur coût est analogue. Toutefois, comme nous l'avons fait remarquer dans l'étude qui les concerne, deux de ces lignes offrent le caractère spécial de comprendre à leur origine une section productive, suivie jusqu'au terminus d'une longue zone désertique. Ce sont :

1° La ligne de Bouktoub-Géryville, avec une première section de 30 kilomètres, Bouktoub-Alfaville, qui, bénéficiant de la totalité des transports d'alfa, serait susceptible de donner dès le début un produit net appréciable ;

2° La ligne de Touggourt-Ouargla, dont la première section de 23 kilomètres, Touggourt-Blidet Amor, traverse toute une région d'oasis prospères et populeuses, capable également de fournir au chemin de fer des produits rémunérateurs.

Chacune de ces lignes peut donc, si les nécessités budgétaires l'exigent, être exécutée en deux étapes avec cet avantage que les premières sections à construire sont en même temps les plus faciles et les plus productives.

Ces considérations nous amènent à placer les lignes de Bouktoub-Géryville et de Touggourt-Ouargla avant celle de Djamaâ à Guémar, laquelle s'étend, sur toute sa longueur, dans une zone désertique et ne trouve le trafic qu'à son terminus.

Enfin nous ferons remarquer qu'après l'achèvement de la ligne de Laghouat, Ouargla se trouvera le seul chef-lieu de territoire non encore rattaché à l'Algérie du Nord. Ce centre d'ailleurs est appelé à prendre une grande importance stratégique, économique et politique, lorsque la création d'un réseau de pistes pour automobiles, actuellement en cours de construction, aura permis de le relier aux divers postes disséminés dans le Sahara algérien ainsi qu'à Tombouctou et au Niger. Dans ces conditions, la ligne d'Ouargla nous paraît avoir au point de vue de l'intérêt général une importance plus grande que celle de Géryville, laquelle, destinée surtout à faciliter l'exploitation des zones alfatières, a plutôt le caractère d'un embranchement industriel.

Aussi, si les deux sections productives, Bouktoub-Alfaville d'une part, Touggourt-Blidet Amor d'autre part, ne doivent pas être entreprises en même temps, estimons-nous qu'il conviendrait de donner la préférence au tronçon situé sur la ligne d'Ouargla.

En définitive, d'après les considérations qui précèdent, le classement des voies ferrées destinées à assurer la mise en valeur progressive et méthodique des Territoires du Sud serait établi de la manière suivante :

1° En première urgence et par degré d'importance et d'utilité :

Djelfa-Laghouat,
Touggourt-Ouargla,
Bouktoub-Géryville,
Djamaâ-Guémar,

avec cette réserve qu'il y aurait intérêt à exécuter simultanément les deux sections d'origine, Touggourt-Blidet Amor et Bouktoub-Alfaville.

2° En deuxième urgence :

Laghouat-Ghardaïa,
Tolga-Ouled Djellal.

Voies et Moyens d'exécution

L'évaluation du montant de la dépense totale pour les six lignes s'élève à.................... 48.850.000 fr.

dont pour les quatre lignes de la première série .... 27.150.000 »
et pour les deux de la seconde .... 21.700.000 »

Nous n'avons pas à nous occuper de ces deux dernières dont la construction ne semble pas devoir être immédiate ; il ne nous reste donc à examiner que les voies et moyens permettant d'entreprendre, dans les meilleures conditions de rapidité et d'économie, les quatre lignes classées en première catégorie.

Pour celles-ci, l'effort financier à réaliser s'élève en capital à............................ 27.150.000 fr.
ce qui, au taux de 5,50 °/₀ pour l'intérêt et l'amortissement correspond à une charge annuelle de.... 1.493.000 fr.
soit, en chiffres ronds.................. 1.500.000 »

Il convient de rapprocher de ce chiffre le montant des dépenses militaires, lesquelles, dans les années antérieures à la guerre, ont varié de 5 à 6.000.000 de francs.

Des frais aussi considérables dans ces régions désertiques, à population rare et disséminée, ne s'expliquent que par l'absence de communications rapides, conduisant dès lors à la multiplicité des postes ainsi qu'au renforcement des garnisons, lesquelles dans leur isolement n'ont à compter que sur leurs propres effectifs. Les conditions changent avec l'établissement de voies ferrées pénétrant à l'intérieur du Sahara et prolongées elles-mêmes dans les principales directions par un réseau de pistes automobiles permettant d'accéder rapidement aux différents puits fréquentés par les caravanes. Dans une semblable organisation, les rassemblements hostiles ou suspects, au lieu de n'être rejoints qu'après plusieurs semaines de marches pénibles, peuvent être atteints en quelques jours, sinon en quelques heures, avec des moyens de répression tels que les mitrailleuses automobiles, rendant toute résistance inutile. Il semble donc qu'avec ce système on devrait pouvoir arriver à réduire considérablement les effectifs actuellement conservés dans le Sud et à alléger les dépenses nécessitées par leur entretien dans une proportion bien supérieure à l'annuité de 1.500.000 francs qu'exigerait la création des voies ferrées destinées à servir de base à ce programme. Si ces vues étaient adoptées, l'économie réalisée sur les dépenses militaires permettrait donc à elle seule de résoudre la question financière que pose la création d'un réseau ferré pour le Sud.

On peut envisager d'autres combinaisons :

La plus grande partie du trafic des lignes projetées est à destination ou en provenance du Tell ou des ports du littoral ; ce trafic est donc appelé à se retrouver dans les réseaux du Nord, à peu près sur toute l'étendue des voies de pénétration servant de débouché aux nouvelles lignes ; c'est ainsi que le trafic de la ligne de Géryville aura sa répercussion sur les 285 kilomètres compris entre Bouktoub et Arzew ; celui de la ligne de Laghouat viendra s'ajouter au mouvement commercial des 322 kilomètres qui séparent Djelfa et Alger, et enfin celui du réseau Sud-Constantinois profitera aux 326 kilomètres du chemin de fer de Biskra à Philippeville. Nous avons vu précédemment que la simple mise en construction de la ligne de Touggourt avait provoqué un bond de plus de 2.000 francs dans les recettes de la section de Batna à Biskra. Le même phénomène se produira infailliblement sur les autres voies de pénétration. Assurément ces 2.000 francs ne constituent pas entièrement un produit net ; il faudrait en déduire les frais d'exploitation qui, d'après les renseignements que nous avons donnés plus haut, sont d'environ 70 % de la recette. D'après ces bases, le bénéfice net supplémentaire que les lignes du

Sud sont susceptibles d'apporter aux chemins de fer du Nord peut donc aller jusqu'à.................... 600 fr. par kilomètre, sur l'étendue moyenne où s'exercera leur influence. Ce chiffre n'a aucunement la prétention de correspondre à une indication précise, mais seulement de fixer les idées par l'évaluation approximative de l'ordre de grandeur de l'avantage que peut retirer le Nord de la construction des nouvelles lignes. D'après ces données, les bénéfices nets supplémentaires recueillis seraient :

Sur Bouktoub-Arzew....	285 × 600 =	171.000 fr.
Sur Djelfa-Alger	322 × 600 =	193.200 »
Sur Biskra-Philippeville.	326 × 600 =	195.600 »
Au total.......		559.800 fr.

dont il semble qu'une partie tout au moins pourrait être légitimement employée à atténuer la charge de construction des nouvelles lignes.

En tout cas, l'importance de ces bénéfices est de nature à justifier l'apport d'un concours par les réseaux du Nord. C'est d'ailleurs ainsi qu'en France et à l'étranger procèdent les chemins de fer principaux vis-à-vis des petites lignes secondaires qui ne peuvent vivre, et surtout être construites, qu'à la condition de recevoir une aide sous forme de subvention, de garantie d'intérêts, de cession de personnel et de matériel ou de toute autre manière.

Ici, puisque les quatre lignes que nous avons placées en première catégorie sont susceptibles de couvrir leurs frais d'exploitation, c'est seulement pour réduire le montant des dépenses de premier établissement et participer aux charges d'emprunt que les réseaux du Nord peuvent être appelés à intervenir efficacement. Nous allons examiner successivement, dans chacun des cas envisagés, en prenant les lignes dans leur ordre d'urgence, le mode de concours le plus capable d'amener la prompte réalisation du projet.

Ligne de Djelfa-Laghouat. — Cette ligne dont le coût est évalué...................... 9.000 000 de francs devrait être construite dès que le rail atteindra Djelfa, et il y aurait intérêt à ce que l'Ouest-Algérien qui est appelé à en bénéficier fût chargé, non seulement de l'exploitation, mais encore de la construction. Ce serait certainement le procédé qui, dans les circonstances actuelles, permettrait d'aboutir le plus rapidement. Or, la rapidité de construction constituerait ici un facteur sensible d'économie, puisque la ligne semble devoir donner dès le début un produit net qui viendrait en atténuation des charges du capital. Quoi qu'il en soit, même en tenant compte de cette considération et de l'amélioration des recettes sur le reste de la ligne, la compagnie intéressée ne consentirait vraisemblablement pas à se charger du travail sans une garantie de la Colonie, à moins de recevoir ailleurs une compensation. Celle-ci pourrait, semble-t-il, être cherchée dans la concession avantageuse pour l'Ouest-Algérien du prolongement jusqu'à Alger de sa ligne à voie étroite, laquelle dépend actuellement du P.-L.-M., pour son débouché à la mer. A notre avis les deux questions de l'extension de la ligne existante jusqu'à Laghouat au Sud, et jusqu'à Alger au Nord, devraient être traitées solidairement avec l'Ouest-Algérien. On pourrait arriver ainsi à une solution satisfaisante pour les finances de la Colonie.

Ligne de Touggourt-Ouargla. — Cette ligne de 167 kilomètres est évaluée à.................. 8.500 000 fr.

Nous avons signalé précédemment qu'elle présente la

particularité d'avoir une section de tête : Touggourt-Blidet Amor, de 23 kilomètres, qui pourrait être entreprise à un prix moyen sensiblement inférieur à celui de l'ensemble. D'ailleurs, pour un parcours de si faible étendue, point ne serait nécessaire de prévoir l'achat d'un matériel roulant spécial ; celui de la ligne de Touggourt pourrait suffire. Dans ces conditions cette première section n'entraînerait pas une dépense supérieure à............. 800.000 fr. et pourrait dès lors être construite au moyen d'un prélèvement sur le fonds de réserve du budget des Territoires du Sud. Pour le reste de la ligne, il y aurait lieu de faire appel au concours des chemins de fer algériens de l'État qui seraient appelés à en recueillir les bénéfices. Ce concours pourrait se manifester par la cession de rails devenus trop faibles sur les réseaux du Tell et devant être remplacés prochainement par des rails plus forts. Ce matériel conviendrait parfaitement pour les lignes du Sud. On pourrait ainsi économiser dans la construction une somme importante, ce qui permettrait de limiter vraisemblablement au chiffre de 6.000.000, le montant de l'emprunt à réaliser. Le service semble devoir en être prochainement garanti par les disponibilités que procureront au budget du Sud les produits nets laissés par la ligne de Touggourt, laquelle malgré une série de circonstances adverses, sera déjà en mesure, pour l'exercice 1915, de fournir un excédent d'environ............. 50.000 fr.

Ligne de Bouktoub-Géryville. — Le coût de cette ligne est fixé à........................ 5.000.000 de francs mais, comme dans le cas précédent, il existe une section de tête, Bouktoub-Alfaville, de 30 kilomètres, qui, recueillant tout le trafic de l'alfa, serait productive d'une façon très satisfaisante et donnerait un produit net immédiat, capable d'atténuer notablement la charge du capital d'établissement. Cette ligne profitera au réseau oranais de l'État. C'est lui qui aura à en assurer l'exploitation ; nous estimons qu'il devrait également prendre à sa charge les dépenses de construction au moins de la première section. Il pourrait y employer les rails à renouveler de la ligne principale, lesquels seraient très suffisants pour l'embranchement de Géryville. La ligne qui a un caractère industriel serait poussée progressivement sur Géryville, au fur et à mesure du développement de l'exploitation de l'alfa.

Ligne de Djamaâ-Guémar. — Cette ligne devrait être construite par les Territoires du Sud après la ligne d'Ouargla et dans les mêmes conditions que cette dernière.

Conclusions

En résumé, les quatre lignes projetées seraient construites et exploitées par les réseaux dont elles sont le prolongement et le complément, savoir :

Ligne de Laghouat, par l'Ouest-Algérien qui, à titre de compensation et dans des conditions à déterminer; recevrait également la concession d'une ligne à voie étroite de Blida à Alger.

Ligne de Géryville, par le réseau oranais de l'État, progressivement par sections, au fur et à mesure du développement de l'exploitation de l'alfa.

Ligne d'Ouargla et de Guémar, par les Territoires du Sud qui exploitent actuellement en régie la ligne de Biskra à Touggourt.

En même temps, le réseau de pistes automobiles qui est d'ailleurs déjà en voie d'exécution serait poursuivi et amélioré de façon à desservir, d'une façon pratique, les principaux centres du Sahara, Ouargla, In-Salah, Temassinin, le Hoggar et à relier par des communications rapides l'Algérie au Soudan.

La réalisation de ce programme n'entraîne pas de dépenses considérables. Le coût des chemins de fer projetés s'élève seulement à.................... 27.150.000 fr. ce qui est à peu près le montant d'une récolte agricole.

Or, comme nous l'avons exposé, la création de ces lignes aurait pour effet de stimuler considérablement en quantité et en valeur les productions du sol. Il est donc vraisemblable, qu'en très peu de temps, le capital consacré à une si utile amélioration se retrouverait dans des revenus annuels plus que doublés.

Mais il ne s'agit pas seulement d'une œuvre d'intérêt local et algérien. Après la destruction de tant de cités industrieuses, de monuments magnifiques, de trésors de l'art, après l'effroyable consommation de tant d'existences précieuses et de capitaux devenus stériles, la France aura, au point de vue économique, une triple tâche à accomplir : reconstituer ses richesses disparues, pratiquer de sévères économies sur les dépenses improductives, créer de nouvelles sources de richesses en vue de faire face aux charges écrasantes laissées par la guerre. Or, en ce qui concerne ce dernier point, ce n'est guère que dans les pays neufs, et en particulier dans ses colonies, que la Métropole trouvera les réservoirs de production, en même temps que de main-d'œuvre, capables de lui fournir les ressources dont elle aura besoin.

Pour une semblable entreprise, nul effort ne doit être négligé. Bien qu'occupant un rang modeste dans notre empire colonial, les Territoires du Sud n'en possèdent pas moins, comme nous avons essayé de le faire ressortir dans la présente étude, une valeur réelle, mais en partie latente, susceptible de notable plus-value par une organisation appropriée. Ils peuvent donc, si on en leur fournit les moyens, jouer un rôle utile dans l'œuvre de régénération de demain, et après la lutte sur les champs de bataille, donner avec l'Algérie du Nord leur appoint pour la guerre économique qui se prépare, et en vue de laquelle nos adversaires ont déja pris position avec leur activité et leur décision coutumières. Soyons plus prévoyants pour celle-ci que nous ne l'avons été pour celle-là.

Population et Superficie des Territoires du Sud

Répartition par Région

1° *Territoire d'Aïn-Sefra*

RÉGIONS	SUPERFICIE en kilomètres carrés	RECENSEMENT de 1911	ÉVALUATION actuelle
Géryville	60 000	44 000	45.000
Méchéria	20 000	25.454	25.500
Aïn-Sefra...........	20.000	13 424	13.500
Colomb.............	100.000	19.351	19.500
Gourara et Touat.....	200.000	44.771	44.500
Totaux	400.000	147.000	148.000

2° *Territoire de Ghardaïa*

RÉGIONS	SUPERFICIE en kilomètres carrés	RECENSEMENT de 1911	ÉVALUATION actuelle
Djelfa	28.000	75.951	76.000
Laghouat	18.000	26.613	27.000
Ghardaïa	38.000	38.783	39 000
Totaux	84.000	141.377	142.000

3° *Territoire de Touggourt*

RÉGIONS	SUPERFICIE en kilomètres carrés	RECENSEMENT de 1911	ÉVALUATION actuelle
Biskra.......	20.000	75.236	76.000
Touggourt....... ...	96.000	90.315	92.000
Totaux	116.000	165 551	168 000

4° *Territoires des Oasis*

RÉGIONS	SUPERFICIE en kilomètres carrés	RECENSEMENT de 1911	ÉVALUATION actuelle
Ouargla.............	1 600.000	16.024	16.400
El-Goléa............		3.999	4.000
Tidikelt............		20.356	21.600
TOTAUX........	1.600.000	40.379	42.000

RÉCAPITULATION

RÉGIONS	SUPERFICIE en kilomètres carrés	RECENSEMENT de 1911	ÉVALUATION actuelle
Aïn-Sefra...	400.000	147.000	148.000
Ghardaïa	84.000	141.377	142.000
Touggourt	116.000	165.551	168.000
Oasis	1.600.000	40.379	42.000
TOTAUX........	2.200.000	494.307	500.000

RÉPARTITION DE LA POPULATION PAR CATÉGORIE

TERRITOIRES	Européens	Sédentaires	Nomades	Troupes	Totaux
Aïn-Sefra......	3.600	45.000	94.400	5.000	148.000
Ghardaïa.......	1.400	95.000	44.600	1.000	142.000
Touggourt	940	115.000	51.860	200	168.000
Oasis.	60	15.000	26 140	800	42.000
TOTAUX	6.000	270.000	217.000	7.000	500.000

Recettes ordinaires du Budget du Sud de 1904 à 1914

EXERCICES	BUDGET DU SUD	DÉPENSES MILITAIRES
1904	2.726.706 64	»
1905	2.550.764 30	»
1906	2.899.777 18	5.729.999 75
1907	3.202.778 69	5.751.680 17
1908	3.222.919 94	6.361.481 88
1909	3.505.098 97	5.889.734 85
1910	3.317.297 24	7.427.982 86
1911	3 499.681 78	5.176.036 17
1912	3.468.550 32	4.661.455 41
1913	2.906.338 91	4.648.744 38
1914	3.857.472 12	»

Les recettes ordinaires ont toujours été supérieures aux dépenses et donnent dès lors lieu à un excédent au moyen duquel a été constitué un fonds de réserve, consacré à des travaux d'utilité générale.

Au 31 décembre 1914, le montant du fonds de réserve s'élevait à la somme de. . . . . 4.463.867 fr. 20

En 1910, les Territoires du Sud ont contracté un emprunt de . . . . 8.500.000 fr. »
pour la construction de la ligne de Touggourt. Le service de cet emprunt est assuré sur les fonds du budget ordinaire.

Les dépenses militaires ne sont pas imputables au budget du Sud ; elles sont couvertes par un crédit d'égale somme alloué par la Métropole. En 1910, elles ont subi une augmentation exceptionnelle par suite de l'imputation à ce chapitre des frais de l'expédition des Beni-Snassen.

Recettes du Budget des Territoires du Sud en 1914

1° Recettes provenant des Territoires

	AIN-SEFRA	GHARDAIA	TOUGGOURT	OASIS	TOTAUX
CONTRIBUTIONS ARABES :					
Zekkat (principal)	412.457 37	334.292 55	131 883 74	»	878 638 66
Achour —	»	16.806 72	10.845 67	»	27.652 39
Lezma	141 518 27	114.337 86	557.040 51	105.383 74	919.280 38
Hockor	»	»	8.676 54	»	8.676 54
TOTAL DU PRINCIPAL	553.975 64	466.437 13	708.451 46	105.383 74	1.834.247 97
CENTIMES	126.051 24	103.891 83	256.871 29	46.262 96	533.077 32
TOTAL DES CONTRIBUTIONS ARABES	680.026 88	570.328 96	965.322 75	151.646 70	2.367.325 29
Contributions directes et taxes assimilées	24.654 39	24.482 13	13.416 29	»	62.552 81
Enregistrement, timbres et divers	74.058 13	149.007 09	73 670 63	1.306 84	298.042 69
Postes, télégraphes, téléphones	89.461 01	70.691 92	52.325 15	14 968 84	227.446 92
Produits divers du Budget	370 68	2.438 14	69 50	»	2.878 32
Recettes spéciales réparties entre les Territoires, au prorata de la population :					
Douanes et octroi de mer	119.362 00	114.573 00	135.692 00	32.844 61	402.471 61
TOTAL GÉNÉRAL DES RECETTES PROVENANT DES TERRITOIRES	987.933 09	931.521 24	1.240.496 32	200 766 99	3 360.717 64

2° *Recettes diverses non susceptibles de répartition entre les Territoires*

Produit du Domaine et des Forêts ...	36.174 19
Recettes en atténuation des dépenses ..	30.792 73
Recettes de la ligne de Touggourt.....	388.379 80
Intérêts des fonds placés.............	35.307 76
Fonds de concours.	6.100 »
Total..........	496.754 48
Rappel des recettes réparties.....	3.360.717 64
Total général du budget ..	3.857.472 12

En dehors de ces recettes, le budget du Sud est crédité tous les ans, pour ordre, d'une subvention de la Métropole égale au montant des dépenses militaires effectuées dans l'année.

Le montant de cette subvention, pour 1913, s'est élevé à la somme de........................ 4.648.744 38 égale aux dépenses

Recettes des Budgets communaux en 1914

	AIN-SEFRA	GHARDAIA	TOUGGOURT	OASIS	TOTAUX
Centimes (contributions arabes).............	74.652 69	68.039 53	112.512 69	17.959 48	273.164 39
Centimes (contributions directes	4.169 39	2.742 24	535 25	»	7.446 88
Taxes municipales et prestations	362.237 72	314.503 65	266.408 35	39.705 75	982.855 47
Part dans l'octroi de mer.	43.638 52	11.908 13	»	»	55.546 65
Taxes diverses....... ..	127.945 20	185.461 51	151.303 13	51.518 01	516.127 85
Totaux.....	612.643 52	582.655 06	530.659 42	109.183 24	1.835.141 24

A ces recettes viennent s'ajouter des subventions prélevées sur le budget des Territoires du Sud.

Total des recettes provenant de l'impôt en 1914

(Territoires et Communes)

	AIN-SEFRA	GHARDAIA	TOUGGOURT	OASIS	TOTAUX
Recettes des Territoires....	987.933 09	931.521 24	1.240.496 32	200.766 99	3.360.717 64
Recettes des Communes....	612 643 52	582.655 06	530.659 42	109.183 24	1.835.141 24
Totaux....	1.600.576 61	1.514.176 30	1 771.155 74	309.950 23	5.195 858 88
Effectif de la population......	148.000	142.000	168.000	42.000	500.000
Charge totale d'impôt par habitant... ..	10 81	10 81	10 54	7 38	10 40

Répartition entre les territoires des diverses branches de la production

(Capital et revenu brut)

1° Production végétale

CULTURES ET PLANTATIONS	VALEUR EN CAPITAL	VALEUR DE LA PRODUCTION
Aïn-Sefra :		
Palmiers	9.720.000	3.240 000
Céréales	1 400.000	1.050.000
Divers	1.010.000	424.009
Alfa	»	600.000
Total	12.130.000	5.314.000
Ghardaïa :		
Palmiers	2.880.000	960.000
Cérérales	3.000.000	2.225.000
Divers	4.387.000	1.664.000
Forêts	300.000	15.000
Total	10.567.000	4.864.000
Touggourt :		
Palmiers	36.000.000	12.000 000
Céréales	1.400.000	1.050.000
Divers	2.514.000	890.400
Total	39.914.000	13.940.400
Oasis :		
Palmiers	7.440.000	2.480.000
Céréales	200.000	175.000
Divers	89 000	21.600
Total	7.729.000	2.676.600
Total général	70.340.000	26.795.000

2° *Production animale*

TERRITOIRES	VALEUR EN CAPITAL	VALEUR DE LA PRODUCTION
Aïn-Sefra	17.941.000	8.987.000
Ghardaïa	17.564.000	8.805.000
Touggourt	7.536.000	3.803.000
Oasis	1.424.000	720.000
TOTAUX	44.465.000	22.315 000

3° *Production minérale et industrielle*

TERRITOIRES	VALEUR EN CAPITAL	VALEUR DE LA PRODUCTION
Aïn-Sefra	600.000	1.400.000
Ghardaïa	600 000	1.570.000
Touggourt	700.000	1.800.000
Oasis	95.000	120.000
TOTAUX	1.995 000	4.890.000

4° *Outillage économique*

TERRITOIRES	NATURE DE L'OUTILLAGE	VALEUR EN CAPITAL
Aïn-Sefra	Outillage agricole	2.000.000
	Postes et télégraphes	300.000
	Chemins de fer	28.000.000
	Routes et bâtiments	2.200.000
	TOTAL	32.500.000
Ghardaïa	Outillage agricole	4.000.000
	Postes et télégraphes	300.000
	Routes et bâtiments	1.800.000
	TOTAL	6.100 000

Touggourt........	Outillage agricole	4.800.000
	Postes et télégraphes..	300.000
	Chemins de fer.......	11.000.000
	Routes et bâtiments...	1.600.000
	TOTAL	17.700.000
Oasis	Outillage agricole	1.200.000
	Postes et télégraphes..	300.000
	Routes et bâtiments. .	400 000
	TOTAL	1.900.000
	TOTAL GÉNÉRAL........	58.200.000

Récapitulation pour l'ensemble des Territoires du Sud

BRANCHES DE LA PRODUCTION	VALEUR EN CAPITAL	VALEUR DES PRODUITS
Agriculture...............	70.340.000	26 795.000
Élevage.........	44.465 000	22.315.000
Industrie......	1.995 000	4.890.000
Outillage économique..	58.200.000	»
TOTAUX.	175.000.000	54.000.000

Répartition par Territoires

TERRITOIRES	BRANCHES DE LA PRODUCTION	VALEUR EN CAPITAL	VALEUR DE LA PRODUCTION
Aïn-Sefra...	Agriculture...	12.130.000	5 314.000
	Élevage..... .	17.941.000	8.987.000
	Industrie.....	600.000	1.400 000
	Outillage	32.500 000	»
	TOTAL....	63.171 000	15.701.000

Ghardaïa	Agriculture	10.567.000	4.864.000
	Élevage	17.564.000	8.805.000
	Industrie	600 000	1.570.000
	Outillage	6.100 000	»
	TOTAL	34.831.000	15.239.000
Touggourt	Agriculture	39.914.000	13.940.000
	Élevage	7.536.000	3.803.000
	Industrie	700.000	1.800.000
	Outillage	17.700.000	»
	TOTAL	65.850.000	19.543.400
Oasis	Agriculture	7.729.000	2.676.600
	Élevage	1.424.000	720.000
	Industrie	95 000	120.000
	Outillage	1.900.000	»
	TOTAL	11.148.000	3.516.600

RÉCAPITULATION

TERRITOIRES	VALEUR EN CAPITAL	VALEUR DE LA PRODUCTION
Aïn-Sefra	63.171.000	15.701 000
Ghardaïa	34 831.000	15 239.000
Touggourt	65.850 000	19.543.400
Oasis	11.148 000	3 516 600
TOTAUX	175.000 000	54.000.000

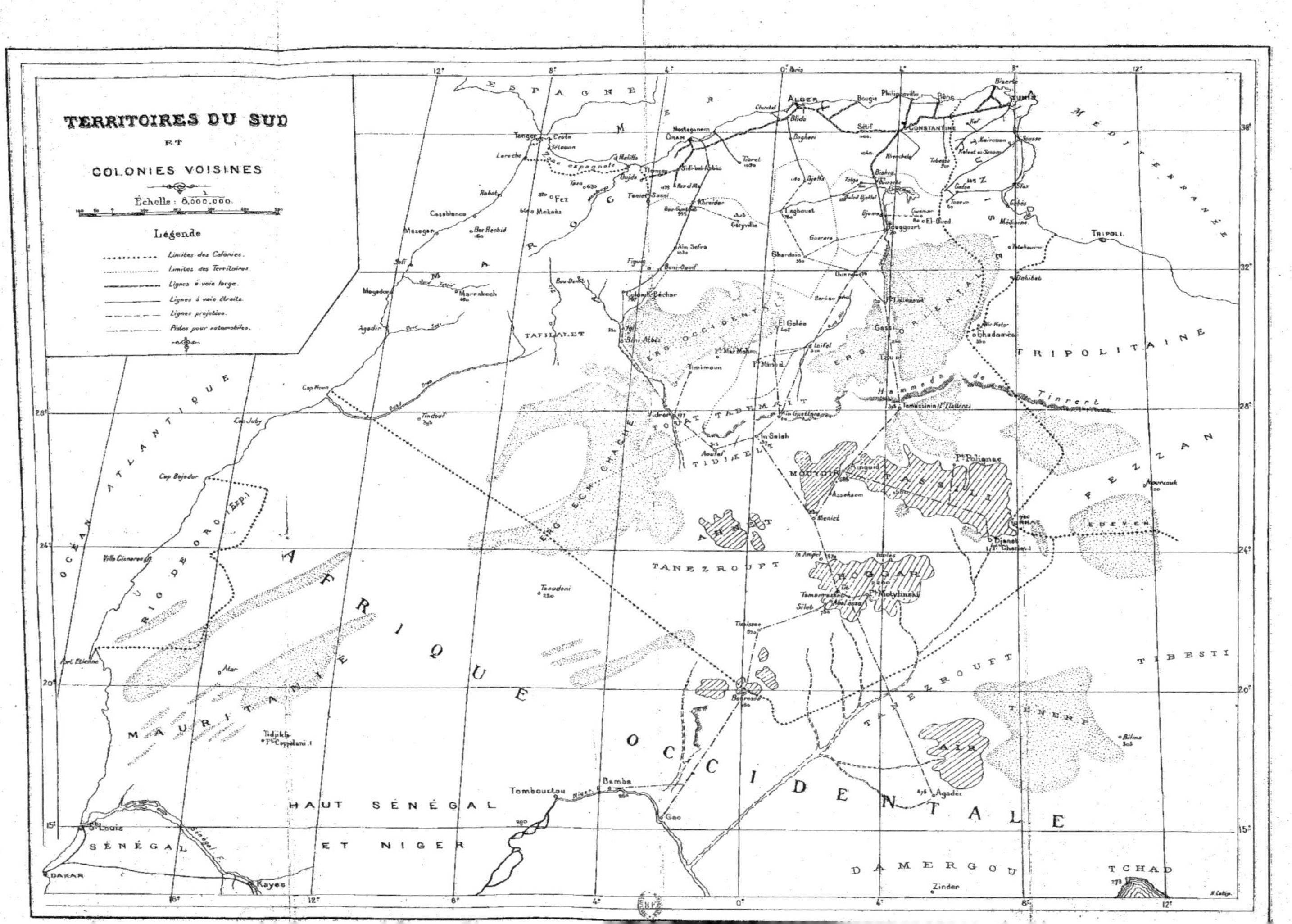
TERRITOIRES DU SUD
ET
COLONIES VOISINES
Échelle : 1/8.000.000
Légende
Limites des Colonies.
Limites des Territoires.
Lignes à voie large.
Lignes à voie étroite.
Lignes projetées.
Pistes pour automobiles.
ESPAGNE
MER MÉDITERRANÉE
OCÉAN ATLANTIQUE
MAROC
TUNISIE
TRIPOLITAINE
FEZZAN
AFRIQUE OCCIDENTALE
MAURITANIE
HAUT SÉNÉGAL ET NIGER
SÉNÉGAL
RIO DE ORO (Esp.)
TAFILALET
TANEZROUFT
HOGGAR
TIBESTI
DAMERGOU
TCHAD
ALGER
ORAN
CONSTANTINE
TUNIS
TRIPOLI
Tombouctou
Gao
Agadez
Zinder
Dakar
Kayes
Bilma

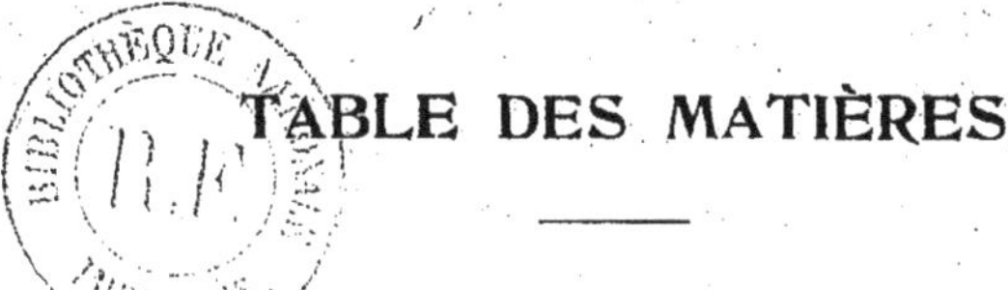

TABLE DES MATIÈRES

ANNEXES

ALGER — TYPOGRAPHIE ADOLPHE JOURDAN — ALGER

ALGER — TYPOGRAPHIE ADOLPHE JOURDAN — ALGER

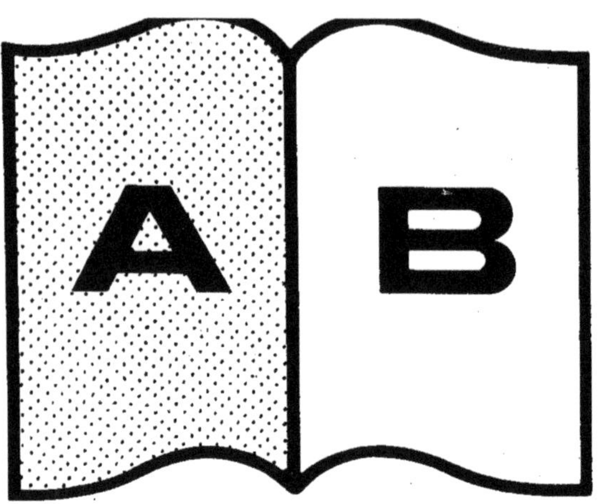
A
B

www.ingramcontent.com/pod-product-compliance
Ingram Content Group UK Ltd.
Pitfield, Milton Keynes, MK11 3LW, UK
UKHW020122200726
13856UKWH00002B/681

9 782013 425216